이화 한국어

이화 한국어 1-2 (日本語版)

지은이 이미혜 · 김현진 · 구재희 · 윤영 · 이수행 · 권경미 · 유선희

펴낸날 1판 1쇄 2010년 7월 5일
4쇄 2018년 2월 19일

펴낸이 권은미 **펴낸곳** 이화여자대학교출판문화원
주소 서울특별시 서대문구 이화여대길 52(우120-750) **등록** 1954년 7월 6일 제9-61호
전화 02) 3277-2965(편집), 02) 362-6076(마케팅)
팩스 02) 312-4312 **전자우편** press@ewha.ac.kr **홈페이지** www.ewhapress.com

책임편집 이혜지 **디자인** design Vita **조판** design Vita, 정혜진 **번역** 이즈미 지하루
일러스트 양승용, 김혜선 **사진** 정영진, 박낙희, 이화여자대학교 언어교육원, 이화여자대학교 홍보과
녹음 정영진 **성우** 유남희, 최정호, 이즈미 지하루 **인쇄** 한영문화사

ISBN 978-89-7300-880-3 18710
978-89-7300-875-9 (세트)
값 16,000원

* 사진 촬영에 협조해 주신 Van Den Peereboom Gilles E. M., Qiao Shanshan, Biernath Anne Madlen, Suzuki Makiko, Ishizawa Shinji, Saygi Kemal 씨, 이화여자대학교 언어교육원 학생들과 이화여자대학교 학생들에게 감사를 드립니다.

* 잘못된 책은 바꾸어 드립니다.

이화여자대학교 언어교육원
梨花女子大学校 言語教育院

이화 한국어

이미혜 · 김현진 · 구재희 · 윤영 · 이수행 · 권경미 · 유선희 지음

日本語版

1-2

EPRESS

책을 펴내면서

이화여자대학교 언어교육원은 국내 최초의 의사소통 중심 교재 『말이 트이는 한국어(Pathfinder in Korean)』를 발간한 지 12년 만에 새로운 의사소통 중심 교재 『이화 한국어(Ewha Korean)』를 발간하게 되었습니다. 지난 10여 년 동안 『말이 트이는 한국어(Pathfinder in Korean)』는 세계 각국에서 한국어 교재로 널리 사용되어 왔으며 현재까지도 외국인들에게 한국어 학습의 좋은 길잡이가 되고 있습니다. 그러나 새로운 시대 흐름에 맞춘 교재 집필이 필요하다고 생각되어 언어교육원에서는 2008년부터 『이화 한국어(Ewha Korean)』 개발에 착수하였으며, 교육과학기술부의 '2009 한국어 연수 프로그램 지원사업'에 선정되어 교재 개발에 박차를 가할 수 있게 되었습니다. 그리고 지난 일 년 간 언어교육원 한국어 과정에서 몇 차례의 시험 사용, 수정 작업을 거쳐 발간하기에 이르렀습니다. 『이화 한국어(Ewha Korean)』 시리즈는 1급에서 6급까지 총 30권의 교재와 연습서로 구성되며, 앞으로 단계적으로 발간될 예정입니다.

『이화 한국어(Ewha Korean)』는 말하기 · 듣기 · 읽기 · 쓰기의 통합 교재이며 초급부터 고급까지 연계적으로 구성되어 있습니다. 이 교재는 네 가지 언어 기능의 균형 있는 발전을 유도하면서도 특히 말하기 능력을 강화하도록 고안된 것이 특징입니다. 말하기 연습을 유도하는 장치로 'Try it'을 활용하였는데 이것은 외국인 학습자가 주도적으로 대화를 이끌어 갈 수 있도록 담화 순서와 문장의 핵심어를 담은 것입니다. 이 장치를 따라 말하기 연습을 함으로써 학습자는 단순 암기 방식에서 벗어나서 주도적으로 대화를 이끌어 가는 능력을 기를 수 있을 것입니다. 또한 최근 학습자 성향과 편의를 고려하여 1~3급은 교재를 두 권으로 구성하였으며, 1급과 2급은 영어, 일본어, 중국어(간체, 번체)로 설명을 넣는 등 세밀하게 학습자 요구를 반영하고자 하였습니다.

이화여자대학교 언어교육원을 대표하여, 『이화 한국어(Ewha Korean)』가 출간되기까지 이 책의 저자들이 쏟은 열정과 노고에 대해서 깊은 감사를 드립니다. 또한 내용 구성에 많은 조언을 해 주신 이해영, 김영규, 최형용, 박선희 교수님께 감사의 말씀을 드리며, 문학 부분에 조언을 해 주신 김현자 교수님께도 감사의 말씀을 드립니다. 또한 편집과 출판을 맡아 주신 이화여자대학교출판문화원에도 고마움을 전합니다.

앞으로 『이화 한국어(Ewha Korean)』가 국내외에서 한국어 교재로 널리 활용되어 한국어를 쉽고 재미있고 효과적으로 교수 · 학습하는 데 기여하기를 기대합니다.

2010년 6월

이화여자대학교 언어교육원

원장 양 혜 순

発刊にあたって

梨花女子大学校 言語教育院は、韓国内で最初のコミュニケーション中心の教材『말이 트이는 한국어(Pathfinder in Korean)』を発刊してから、12年ぶりに新しいコミュニケーション中心の教材『이화 한국어(Ewha Korean)』を発刊することになりました。これまでの10数年間、『말이 트이는 한국어(Pathfinder in Korean)』は韓国語教材として世界各国で広く使われ、現在も外国人に韓国語学習のよき道しるべとなってきました。しかし、新しい時代に合った教材の執筆が必要と考えられ、言語教育院では2008年から『이화 한국어(Ewha Korean)』の開発に着手し、教育科学技術部(文部科学省にあたる)の'2009韓国語研修プログラム支援事業'に選ばれ、教材開発に拍車をかけることができました。そして、この1年間、言語教育院韓国語課程では、数回に渡るテスト使用と修正作業を経て発刊に至りました。『이화 한국어(Ewha Korean)』シリーズは1級から6級まで全30巻の教材と練習帳によって構成され、今後、順次発刊していく予定です。

『이화 한국어(Ewha Korean)』は話す・聞く・読む・書くの総合教材であり、初級から上級まで体系的に構成されています。この教材は４つの言語技能をバランスよく習得するよう促しながらも、特に話す能力を高めるように考案されていることが特徴です。話す練習には'Try it'を活用しますが、これは外国人学習者が自ら会話をリードすることができるように談話の順序とキーワードを提示しました。この'Try it'に沿って話す練習をすることで、学習者は単なる暗記ではなく自らが積極的に会話をリードする能力を育てることができるのです。また、学習者が使いやすいように1～3級の教材を各々2冊構成にし、1級と2級は英語、日本語、あるいは中国語の説明を入れるなど細かい学習者の要望に応じました。

梨花女子大学校 言語教育院を代表して、『이화 한국어(Ewha Korean)』が出版されるにあたり、本書の著者が注いだ情熱と労苦に深く感謝いたします。また、内容構成に多くのアドバイスをいただいたイ・ヘヨン(李海瑛)、キム・ヨンギュ(金榮奎)、チェ・ヒョンヨン(崔炯龍)、パク・ソニ(朴善姫)教授に心より感謝申し上げます。また、文学に関してアドバイスをいただいたキム・ヒョンジャ(金賢子)教授にも感謝申しあげます。そして、出版を快く引く受けてくださった梨花女子大学校出版文化院にも感謝の気持を表したいと思います。

今後、『이화 한국어(Ewha Korean)』が国内外で韓国語教材として広く活用され、韓国語を易しく、楽しく、効果的に教え、学習することができるよう期待する次第です。

2010年6月

梨花女子大学校 言語教育院

院長 ヤン・ヘスン(梁恵順)

차례 目次

교재 구성표

단원	주제	내 용			
		Part 1		Part 2	
		준비합시다	말해 봅시다	준비합시다	말해 봅시다
8	물건 사기	명, 마리, 개 가격	과일 가게에서 과일 사기 표현 가격 말하기 가격 흥정하기 발음 깎아 주세요 [까까주세요]	에게, 한테 보다 –지 않다 어휘 선물	생일 선물에 대해 조언하기 표현 선물에 대한 조언 구하기 선물 추천하기
9	계획	의 –(으)ㄹ 거예요 –고 있다 어휘 한국 문화	휴가 계획 말하기 표현 휴가 인사하기 발음 할 거예요 [할꺼예요]	–(으)ㄴ 후에 –(으)러 가다	수업 후 계획 제안하기 표현 수업 후 계획 묻기
10	음식	–(으)ㄹ까요 –(으)ㅂ시다 –고 싶다	식당 안내책을 보고 식당 정하기 표현 식당에 대해 평하기 발음 거의 [거의], [거이]	–아/어서 ㅂ 불규칙	음식 추천하기 표현 음식 맛 말하기
11	교통	(으)로(수단) ㄷ 불규칙 에서 ~까지 어휘 교통수단 교통 관련 어휘	목적지까지 가는 방법 묻기 표현 지하철 이용 방법 말하기 소요 시간 말하기 발음 국물 [궁물]	–(으)려고 하다 –(으)십시오	길 묻기 표현 길 묻기 감사 표현하기
12	날씨	–고 (이)나 –(으)면 어휘 계절, 날씨	날씨 고려하여 주말 계획 세우기 표현 부탁하기	–(으)ㄴ/는 –겠–	여행할 도시의 날씨 정보 얻기 표현 여행 준비물 조언 구하기 발음 덥지 않아요 [덥찌아나요]
13	전화	–지요 –아/어 주다	전화로 메모 남기기 표현 전화 걸기 전화해서 사람 찾기 메모 부탁하기	에게서, 한테서 –(으)ㄹ게요 요 어휘 전화 관련 어휘	전화로 모임에 대한 정보 주기 표현 전화 바꾸기 발음 갈 거예요 [갈꺼예요]
14	약속	–(으)ㄹ 수 있다 못 –고(순서) 어휘 운동, 악기 연주	약속 변경하기 표현 약속 변경을 제안하기 발음 좋아요 [조아요]	–기 전에 –아/어야 하다	가능한 시간으로 약속 정하기 표현 시간 내 달라고 부탁하기 가능한 시간 말하기
15	취미	–는 –(으)ㄴ/(으)ㄹ –아/어 보다 어휘 취미	동아리 활동에 대해 소개하기 표현 취미 말하기 동아리 가입 권유하기 발음 가입하다 [가이파다]	–아/어도 되다 –(으)면 안 되다	등산할 때 주의 사항 알려 주기 표현 주의 사항 묻기

내 용			
Part 3		**Culture & Literature**	
들어 봅시다	읽고 써 봅시다	문화 알아보기	문학 맛보기
가게에서 물건 사는 대화 듣기 표현 손님에게 인사하기	쇼핑 경험에 대한 글 읽고 쓰기	한국의 돈	소금이 나오는 맷돌 (전래동화)
생일 파티 계획에 대한 대화 듣기	미래 계획에 대한 글 읽고 쓰기	한국인의 새해 계획	새로운 길 (시)
학교 방송 듣기	좋아하는 음식에 대한 글 읽고 쓰기	김치	호랑이와 곶감 (전래동화)
기차표 예매하는 대화 듣기	관광 코스 소개의 글 읽고 쓰기	서울의 대중교통	아리랑(민요)
일기 예보 듣기 표현 날씨 예보하기	이메일 읽고 쓰기	한국의 여름	청개구리(전래동화)
전화로 예약하는 대화 듣기 표현 자리 요청하기	송별회 계획에 대한 글 읽고 쓰기	한국 생활에 유용한 전화번호	통화 (시)
약속을 확인하는 대화 듣기	약속에 관한 경험의 글 읽고 쓰기	젊은이들의 거리, 신촌	사랑가(판소리)
취미 생활에 대한 대화 듣기	동호회를 소개하는 글 읽고 쓰기	한국 사람의 취미, 등산	피아노 (시)

教材構成表

単元	題目	内容			
		Part 1		Part 2	
		文法と語彙	話す	文法と語彙	話す
8	買い物	명, 마리, 개 가격	果物屋で果物を買う 表現 価格を話す 値引き交渉をする 発音 깎아 주세요 [까까주세요]	에게, 한테 보다 -지 않다 語彙 プレゼント	誕生日のプレゼントについてアドバイスする 表現 プレゼントについてアドバイスを求める プレゼントを勧める
9	計画	의 -(으)ㄹ 거예요 -고 있다 語彙 韓国文化	休暇の計画を話す 表現 休暇の挨拶 発音 할 거예요 [할꺼예요]	-(으)ㄴ 후에 -(으)러 가다	授業の後の計画を提案する 表現 授業の後の計画を尋ねる
10	食べ物	-(으)ㄹ까요 -(으)ㅂ시다 -고 싶다	食堂のガイドブックを見て食堂を決める 表現 食堂を評価する 発音 거의 [거의], [거이]	-아/어서 ㅂ 불규칙	食べ物を勧める 表現 食べ物の味を話す
11	交通	(으)로 (手段) ㄷ 불규칙 에서 ~까지 語彙 交通の手段 交通関係の語彙	目的地まで行く方法を尋ねる 表現 地下鉄の利用の仕方を話す 所要時間を話す 発音 국물 [궁물]	-(으)려고 하다 -(으)십시오	道を尋ねる 表現 道を尋ねる 感謝の表現をする
12	天気	-고 (이)나 -(으)면 語彙 季節 天気	天気を考慮して週末の計画を立てる 表現 頼む	-(으)ㄴ/는 -겠-	旅行する都市のお天気情報を得る 表現 旅行のとき準備する物をアドバイスしてもらう 発音 덥지 않아요 [덥찌아나요]
13	電話	-지요 -아/어 주다	電話で伝言メモを頼む 表現 電話をかける 電話をして呼び出してもらう 伝言メモを頼む	에게서, 한테서 -(으)ㄹ게요 요 語彙 電話関係の語彙	電話で集まりの情報を伝える 表現 電話を代る 発音 갈 거예요 [갈꺼예요]
14	約束	-(으)ㄹ 수 있다 못 -고 (順序) 語彙 スポーツ 楽器の演奏	約束を変更する 表現 約束の変更を提案する 発音 좋아요 [조아요]	-기 전에 -아/어야 하다	可能な時間に約束する 表現 時間を作ってほしいと頼む 可能な時間を話す
15	趣味	-는 -(으)ㄴ/(으)ㄹ -아/어 보다 語彙 趣味	サークル活動について紹介する 表現 趣味を話す サークルの入部を勧誘する 発音 가입하다 [가이파다]	-아/어도 되다 -(으)면 안 되다	登山するときの注意事項を教える 表現 注意事項を質問する

内容			
Part 3		**Culture & Literature**	
聞く	読んで書く	文化	文学
店で物を買う対話を聞く 表現 客に挨拶する	ショッピングの経験についての文章を読んで書く	韓国のお金	소금이 나오는 맷돌 (伝承童話)
誕生日パーティーの計画についての対話を聞く	未来の計画についての文章を読んで書く	韓国人の新年の計画	새로운 길 (詩)
学校放送を聞く	好きな食べ物についての文章を読んで書く	キムチ	호랑이와 곶감 (伝承童話)
汽車の乗車券を予約·購入する対話を聞く	観光コースの紹介する文章を読んで書く	ソウルの大衆交通	아리랑 (民謡)
天気予報を聞く 表現 天気予報をしてみる	Eメールを読んで書く	韓国の夏	청개구리 (伝承童話)
電話で予約する対話を聞く 表現 席を指定する	送別会の計画についての文章を読んで書く	韓国生活に役立つ電話番号	통화 (詩)
約束を確認する対話を聞く	約束に関する経験の文章を読んで書く	若者の街'シンチョン(新村)'	사랑가 (パンソリ)
趣味生活についての対話を聞く	同好会を紹介する文章を読んで書く	韓国人の趣味、登山	피아노 (詩)

교재 구성과 사용법 教材の構成と使用法

- 『이화 한국어 1-1』은 1~7과, 『이화 한국어 1-2』는 8~15과로 이루어져 있습니다.
  <梨花韓国語1-1>は1課~7課、<梨花韓国語1-2>は8課~15課から成っています。

- 1과 '한국어와 한글'은 한글 자모를 읽히고 한국어 문장 구성을 익히는 기초 단원입니다.
  1課'韓国語とハングル'はハングルの母音と子音を読めるようにし、韓国語の文章の構成を身につけさせる基礎単元です。

- 2과부터 각 단원은 Part 1, 2, 3과 'Culture & Literature'로 구성되어 있습니다. Part 1, 2, 3은 문법, 말하기, 듣기, 읽기, 쓰기를 학습하는 부분이며, 'Culture & Literature'는 한국의 문화를 알아보고 문학 작품을 접해 보는 부분입니다.
  2課からの各単元はPart 1、2、3とCulture & Literatureで構成されています。Part 1、2、3は文法、話す、聞く、読む、書くを学習する部分で、Culture & Literatureは韓国の文化を知り文学作品に接してみる部分です。

단원 구성 単元の構成

단원 표지 単元の表紙

사진 자료로 단원의 내용을 알 수 있도록 보여 줍니다.
写真の資料で単元の内容をわかりやすく伝えています。

단원의 학습 내용과 목표를 알려 줍니다.
単元の学習内容と目標を伝えています。

Part1
Part2

준비합시다와 말해 봅시다로 구성되어 있습니다. 준비합시다에서 2~3개의 문법과 어휘들을 학습하고, 말해 봅시다에서 실제적인 말하기 과제를 연습해 봅니다.

準備しよう(준비합시다)と話してみよう(말해 봅시다)で構成されています。準備しようで2~3の文法と語彙を学習し、話してみようでは実際に話す課題(Task)を練習してみます。

문법을 학습하기 전에 학생이 문법의 쓰임과 의미에 대해 생각해 볼 수 있도록 간단한 질문을 제시했습니다.

文法は学習する前に、学習者が文法の使い方と意味について考えることができるように、簡単な質問を提示しました。

상황이 있는 그림과 예문으로 문법이 언제, 어떻게 사용되는지를 알려 줍니다.

状況が描かれている絵と例文で、文法がいつ、どのように使われているかを示しています。

문법의 의미(쓰임)를 명확하게 알 수 있도록 설명을 제시했으며, 형태 정보를 도식화하여 간략하게 보여 주고 예를 제시했습니다. (N = 명사, A = 형용사, V = 동사)

文法の意味(使われ方)がはっきり分かるように説明し、形態の情報を図式化して簡略に示し、例を提示しました。
(N = 名詞, A = 形容詞, V = 動詞)

문법 연습을 말하기 활동으로 제시했습니다. 연습 방법을 알 수 있도록 번역된 지시문과 〈보기〉를 제시했습니다.

文法練習を話す活動によって提示しました。練習の方法をわかりやすく翻訳された指示文と<例>によって提示しました。

단원 주제와 관련된 어휘들을 그림과 함께 제시했습니다.

単元の主題と関連した語彙を、絵と共に提示しました。

말하기 과제의 내용, 상황, 대화자의 역할을 그림과 설명으로 제시했습니다.

話す課題(Task)の内容、状況、対話者の役割を絵と説明で提示しました。

모범 대화문을 학습하기 전에 주어진 역할에 맞게 대화를 만들어 보는 연습입니다. 말풍선에 제시된 핵심어를 보면서 두 사람이 대화를 만들어 봅니다. Try it은 암기에 의존하지 않고 스스로 대화를 주도하면서 구성하는 능력을 길러 줍니다.

模範対話文を学習する前に、与えられた役割に合わせて対話を作ってみる練習です。吹き出しに提示されたキーワードを見ながら、２人の対話を作ってみましょう。Try itは暗記に依存せず、自ら対話を主導しながら構成する能力を育ててくれます。

대화의 흐름과 주요 내용을 알려 주는 것으로 담화에 대한 이해력, 구성 능력을 길러 줍니다.

対話の流れと主な内容を伝えるもので、談話についての理解力、構成能力を育ててくれます。

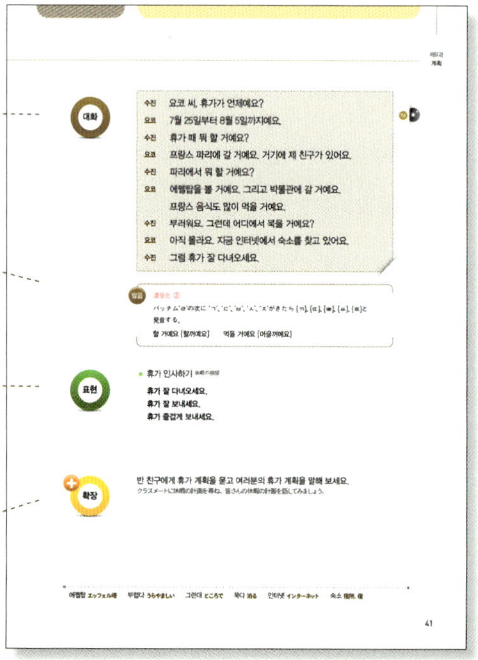

모범 대화문입니다.

模範対話文です。

대화문에 포함된 주의할 발음에 대해 설명과 예를 제시했습니다.

対話文に含まれる注意する発音についての説明と例を提示しました。

말하기 과제 수행에 필요한 기능 표현입니다. 살아 있는 표현들이므로 실생활에서 유용하게 사용할 수 있습니다.

話す課題をする上で必要な機能表現です。生きた表現なので実生活で有用に使うことができます。

교실에서 사용할 수 있는 확장 연습을 제시했습니다. 상황에 맞게 변형하여 활용할 수 있습니다.

教室で使用できる応用練習を提示しました。状況に合わせ活用することができます。

Part3

들어 봅시다와 읽고 써 봅시다로 구성되어 있습니다.

聞いてみよう(들어 봅시다)と読んで書いてみよう(읽고 써 봅시다)で構成されています。

듣기 전 단계에서 활용하는 상황 그림과 질문입니다. 들을 내용을 예측하고, 어휘나 표현을 확인하는 데 도움이 됩니다.

聞くの前段階で活用する状況説明の絵と質問です。聞く内容を予測し、語彙や表現を確認する上で役立ちます。

듣기 단계에서 활용할 이해 확인 문제입니다. 무엇에 중점을 두고 들어야 하는지를 안내해 줍니다.

聞くの段階で活用する、理解を確認する問題です。何に重点をおいて聞かなければならないか、案内してくれます。

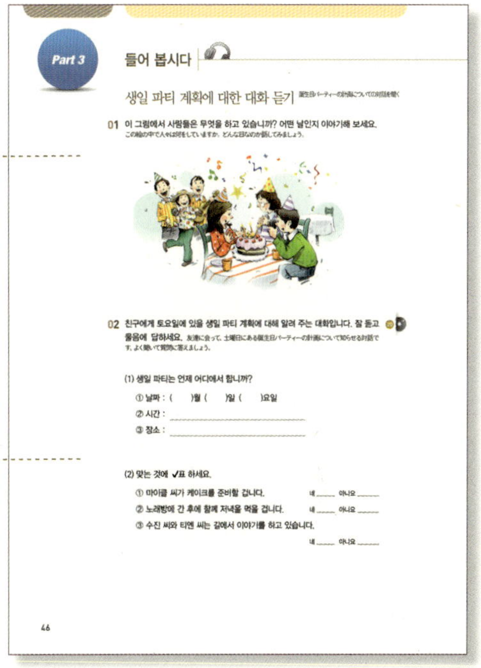

Part 3 들어 봅시다

생일 파티 계획에 대한 대화 듣기 誕生日パーティーの計画についての対話を聞く

01 이 그림에서 사람들은 무엇을 하고 있습니까? 어떤 날인지 이야기해 보세요.
この絵の中で人々は何をしていますか。どんな日なのか話してみましょう。

02 친구에게 토요일에 있을 생일 파티 계획에 대해 알려 주는 대화입니다. 잘 듣고 물음에 답하세요. 友達に会って、土曜日にある誕生日パーティーの計画について知らせる対話です。よく聞いて質問に答えましょう。

(1) 생일 파티는 언제 어디에서 합니까?

① 날짜 : (　　)월 (　　)일 (　　)요일

② 시간 : ______

③ 장소 : ______

(2) 맞는 것에 ✓표 하세요.

① 마이클 씨가 케이크를 준비할 겁니다. 네 ___ 아니요 ___

② 노래방에 간 후에 함께 저녁을 먹을 겁니다. 네 ___ 아니요 ___

③ 수진 씨와 티엔 씨는 길에서 이야기를 하고 있습니다. 네 ___ 아니요 ___

46

읽기 전 단계에서 활용하는 활동입니다. 주제와 관련된 정보를 얻고, 어휘나 표현을 확인하는 데 도움이 됩니다.

読む前段階で活用する活動です。主題と関連した情報を得て、語彙や表現を確認するのに役立ちます。

다양한 유형의 글을 읽기 자료로 제시했습니다.

様々な類型の文を読みの資料として提示しました。

읽기 단계에서 활용할 이해 확인 문제입니다.

読む段階で活用する、理解を確認する文です。

읽기 학습을 쓰기로 연결한 활동입니다. 읽은 글과 유사한 종류의 글을 써 보는 연습입니다.

読む学習を書く学習に繋げる活動です。読んだ文と類似した文を書いいく練習です。

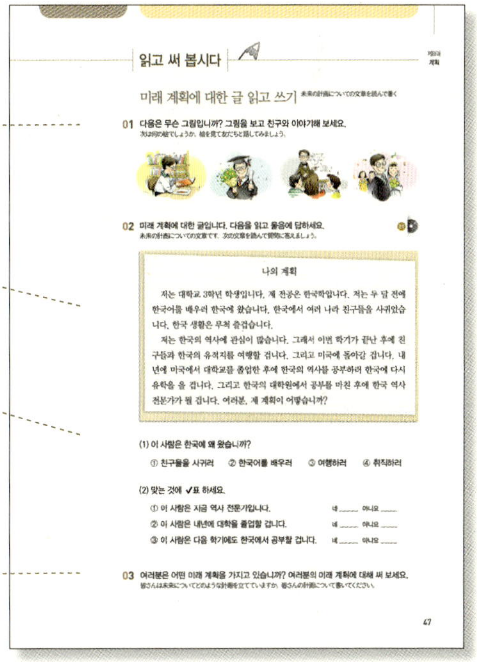

읽고 써 봅시다

미래 계획에 대한 글 읽고 쓰기 未来の計画についての文章を読んで書く

01 다음은 무슨 그림입니까? 그림을 보고 친구와 이야기해 보세요.
次は何の絵でしょうか。絵を見て友だちと話してみましょう。

02 미래 계획에 대한 글입니다. 다음을 읽고 물음에 답하세요.
未来の計画についての文章です。次の文章を読んで質問に答えましょう。

나의 계획

저는 대학교 3학년 학생입니다. 제 전공은 한국학입니다. 저는 두 달 전에 한국어를 배우러 한국에 왔습니다. 한국에서 여러 나라 친구들을 사귀었습니다. 한국 생활은 무척 즐겁습니다.

저는 한국의 역사에 관심이 많습니다. 그래서 이번 학기가 끝난 후에 친구들과 한국의 유적지를 여행할 겁니다. 그리고 미국에 돌아갈 겁니다. 내년에 미국에서 대학교를 졸업한 후에 한국의 역사를 공부하러 한국에 다시 유학을 올 겁니다. 그리고 한국의 대학원에서 공부를 마친 후에 한국 역사 전문가가 될 겁니다. 여러분, 제 계획이 어떻습니까?

(1) 이 사람은 한국에 왜 왔습니까?

① 친구들을 사귀러 ② 한국어를 배우러 ③ 여행하러 ④ 취직하러

(2) 맞는 것에 ✓표 하세요.

① 이 사람은 지금 역사 전문가입니다. 네 ___ 아니요 ___

② 이 사람은 내년에 대학을 졸업할 겁니다. 네 ___ 아니요 ___

③ 이 사람은 다음 학기에도 한국에서 공부할 겁니다. 네 ___ 아니요 ___

03 여러분은 어떤 미래 계획을 가지고 있습니까? 여러분의 미래 계획에 대해 써 보세요.
皆さんは未来についてどのような計画を立てていますか。皆さんの計画について書いてください。

47

문화 알아보기와 문학 맛보기로 구성되어 있습니다.

Culture & Literature

文化を探る(문화 알아보기)と文学を味わう(문학 맛보기)によって構成されています。

단원 주제와 관련된 문화 내용을 한국어와 외국어로 제시했으며, 사진이나 삽화를 함께 제시했습니다.

単元の主題と関連した文化の内容を、韓国語と外国語で提示し、写真や挿絵と共に提示しました。

한국 문화에 대한 이해를 확인하는 질문과 문화상호주의적인 관점에서 자기 나라의 문화와 비교하여 생각해 보는 활동을 제시했습니다.

韓国文化についての理解を確認する質問と、文化相互主義的な観点から、自国の文化と比較して考えてみる活動を提示しました。

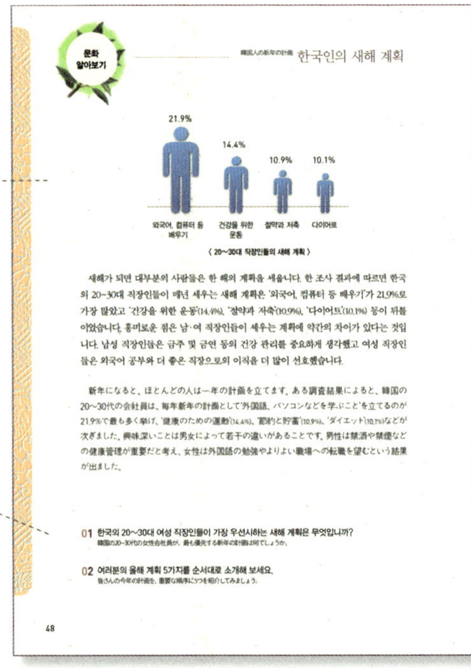
문화 알아보기 韓国人の新年の計画 한국인의 새해 계획

〈 20~30대 직장인들의 새해 계획 〉

새해가 되면 대부분의 사람들은 한 해의 계획을 세웁니다. 한 조사 결과에 따르면 한국의 20~30대 직장인들이 매년 세우는 새해 계획은 '외국어, 컴퓨터 등 배우기'가 21.9%로 가장 많았고 '건강을 위한 운동'(14.4%), '절약과 저축'(10.9%), '다이어트'(10.1%) 등이 뒤를 이었습니다. 흥미로운 점은 남·여 직장인들이 세우는 계획에 약간의 차이가 있다는 것입니다. 남성 직장인들은 금주 및 금연 등의 건강 관리를 중요하게 생각했고 여성 직장인들은 외국어 공부와 더 좋은 직장으로의 이직을 더 많이 선호했습니다.

新年になると、ほとんどの人は一年の計画を立てます。ある調査結果によると、韓国の20~30代の会社員は、毎年新年の計画として'外国語、パソコンなどを学ぶこと'を立てるのが21.9%で最も多く挙げ、'健康のための運動'(14.4%)、'節約と貯蓄'(10.9%)、'ダイエット'(10.1%)などが次ぎました。興味深いことは男女によって若干の違いがあることです。男性は禁酒や禁煙などの健康管理が重要だと考え、女性は外国語の勉強やよりよい職場への転職を望むという結果が出ました。

01 한국의 20~30대 여성 직장인들이 가장 우선시하는 새해 계획은 무엇입니까?
韓国の20~30代の女性会社員が、最も優先する新年の計画は何でしょうか。

02 여러분의 올해 계획 5가지를 순서대로 소개해 보세요.
皆さんの今年の計画を、重要な順序に5つを紹介してみましょう。

48

한국 문학을 접해 보고 감상해 보는 부분입니다. 단원 주제와 연관된 내용, 단원의 문법이 활용된 작품 중에서 초급에 적절한 것을 수록했습니다.

韓国文学に接して鑑賞してみる部分です。単元の主題と関連した内容、単元の文法が活用されている作品の中から、初級に適切なものを収録しました。

문학 작품을 감상하기 전에 그림이나 사진을 보고 이야기하면서 흥미를 갖도록 하는 부분입니다.

文学作品を鑑賞する前に、絵(写真)について話すことによって興味を持たせる部分です。

CD에 녹음된 내용을 들으면서 문학 작품을 감상해 보는 것입니다. 문학 작품의 전문 또는 일부를 수록했습니다.

CDに録音された内容を聞きながら、文学作品を鑑賞してみるものです。文学作品の全文、あるいは一部を収録しました。

자신의 생각이나 느낌을 표현해 보는 활동입니다.

自分の考えや印象を表現してみる活動です。

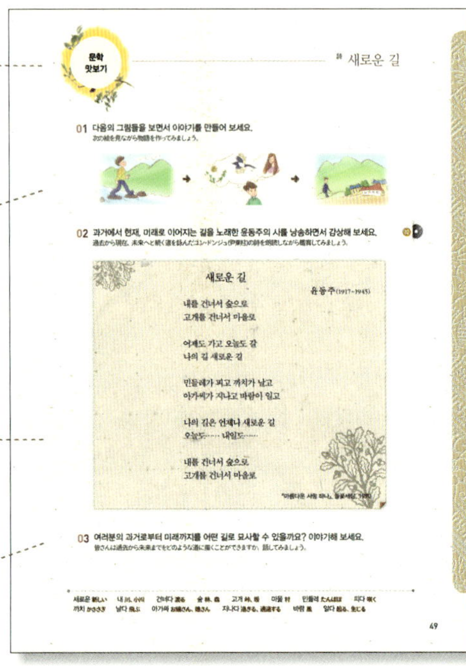
문학 맛보기 詩 새로운 길

01 다음의 그림들을 보면서 이야기를 만들어 보세요.
次の絵を見ながら物語を作ってみましょう。

02 과거에서 현재, 미래로 이어지는 길을 노래한 윤동주의 시를 낭송하면서 감상해 보세요.
過去から現在、未来へと続く道を詠んだユン・ドンジュ(尹東柱)の詩を朗読しながら鑑賞してみましょう。

새로운 길

윤동주(1917~1945)

내를 건너서 숲으로
고개를 건너서 마을로

어제도 가고 오늘도 갈
나의 길 새로운 길

민들레가 피고 까치가 날고
아가씨가 지나고 바람이 일고

나의 길은 언제나 새로운 길
오늘도…… 내일도……

내를 건너서 숲으로
고개를 건너서 마을로

03 여러분의 과거로부터 미래까지를 어떤 길로 묘사할 수 있을까요? 이야기해 보세요.
皆さんは過去から未来までをどのような道に描くことができますか。話してみましょう。

49

주요 인물 主な人物

마이클 アメリカ人
ELC学生
会社員(梨花貿易)
요코 日本人
ELC学生
나타샤 ロシア人
ELC学生
主婦
왕카이 中国人
ELC学生
박영민 韓国人
会社員(梨花貿易)
김수진 韓国人
大学生
미셸 フランス人
ELC学生
이치로 日本人
ELC学生
티엔 ベトナム人
ELC学生
主な人物
ELC = Ewha Language Center

제8과

물건 사기

買い物

제 8 과 물건 사기 買い物

Part 1

준비합시다 — **1** 명, 마리, 개 **2** 가격

말해 봅시다 — 과일 가게에서 과일 사기
果物屋で果物を買う

Part 2

준비합시다 — **1** 에게, 한테 **2** 보다 **3** -지 않다

말해 봅시다 — 생일 선물에 대해 조언하기
誕生日のプレゼントについてアドバイスする

Part 3

들어 봅시다 — 가게에서 물건 사는 대화 듣기
店で物を買う対話を聞く

읽고 써 봅시다 — 쇼핑 경험에 대한 글 읽고 쓰기
ショッピングの経験についての文章を読んで書く

CULTURE & LITERATURE

문화 알아보기 — 한국의 돈 韓国のお金

문학 맛보기 — 전래동화 伝承童話「소금이 나오는 맷돌」

Part 1

준비합시다

01 명, 마리, 개

사람, 동물, 사물의 수를 셀 때 어떻게 표현할까요?
人、動物、物を数えるときは、どのように表現するでしょうか。

방에 책상이 한 개 있어요. 그리고 책상 위에 책이 다섯 권 있어요.

단위 単位

개	명	마리	병	잔	켤레
권	장	대	벌	송이	조각

문법

명, 마리, 개

人や物の数を言うときは、数の単位を表す助数詞(명, 마리, 개など)をつける。数える対象が人の場合は '명'、動物の場合は '마리'、物の場合は'개' など様々な単位を使用する。

학생 하나 + 명 → 학생 한 명　　우산 셋 + 개 → 우산 세 개

연습

그림을 보고 무엇을 샀는지 묻고 대답해 보세요.
絵を見て何を買ったか質問して答えてみましょう。

보기

빵 1, 주스 3

A 뭘 샀어요?
B 빵 한 개하고 주스 세 병을 샀어요.

①

주스 2, 사과 3, 라면 5

②

우산 1, 꽃 5

③

노트북 1, 텔레비전 1

④

우표 10, 지우개 4, 책 1

빵 パン
주스 ジュース

02 가격

물건 값을 한국어로 어떻게 말할까요?
物の値段を韓国語でどのように言うでしょうか。

A 가방이 얼마예요?
B 십이만 원이에요.

A 지갑이 얼마예요?
B 이만 삼천 원이에요.

가격 価格

₩100	백 원	₩980	구백팔십 원
₩1,000	천 원	₩7,500	칠천오백 원
₩10,000	만 원	₩32,800	삼만 이천팔백 원
₩100,000	십만 원	₩510,600	오십일만 육백 원
₩1,000,000	백만 원	₩3,638,050	삼백육십삼만 팔천오십 원
₩10,000,000	천만 원	₩45,000,000	사천오백만 원

문법

가격
価格を言うときは数を万の単位で切って読む。そして 'ウォン(원)' という単位を使う。
₩25,000 → 이만 오천 원　₩150,000 → 십오만 원

연습

다음 물건의 가격을 묻고 대답해 보세요.
次の物の価格を質問して答えてみましょう。

	물건	가격		물건	가격
보기	사진기	₩370,000	③	선풍기	₩68,000
①	냉장고	₩1,230,000	④	다리미	₩83,000
②	청소기	₩460,000	⑤	세탁기	₩875,200

A 사진기가 얼마예요?
B 삼십칠만 원이에요.

- 얼마 いくら
- 사진기 カメラ
- 냉장고 冷蔵庫
- 청소기 掃除機
- 선풍기 扇風機
- 다리미 アイロン
- 세탁기 洗濯機

Part 1

말해 봅시다

과일 가게에서 과일 사기 果物屋で果物を買う

여러분은 과일 가게에 과일을 사러 갔습니다. 주인에게 과일 가격을 묻고 과일을 사 보세요.
皆さんは果物屋に果物を買いに行きました。価格を尋ね果物を買ってみましょう。

Try it!

말풍선을 따라 대화를 구성해 보세요.
吹出しにしたがって対話を完成してみましょう。

주인
果物の価格を言って梨の値段をまけてやります。

손님
値段を尋ねて、りんごと梨を買います。

1. 인사하기

- 주인: 어서 오세요
- 손님: 사과 있다?

2. 사과 값 묻기

- 주인: 여기 있다 / 맛있다
- 손님: 이 사과 | 얼마?

3. 다른 사과 값 묻기

- 주인: 1개 | 700원
- 손님: 저거 | 얼마?

4. 배 값 묻기

- 주인: 1개 | 1,000원
- 손님: 배 | 얼마?

5. 배 값 깎기

- 주인: 2,500원
- 손님: 비싸다 / 깎아 주다

6. 과일 사기

- 주인: 2,000원 | 주다
- 손님: 사과(1,000원짜리) 3개 + 배 2개 | 주다

대화

주인	어서 오세요.
손님	아주머니, 사과 있어요?
주인	네, 여기 있어요. 아주 맛있어요.
손님	이 사과는 얼마예요?
주인	한 개에 700원이에요.
손님	저건 얼마예요?
주인	저건 한 개에 1,000원이에요.
손님	배는 얼마예요?
주인	2,500원이에요.
손님	너무 비싸요. 좀 깎아 주세요.
주인	그럼 2,000원만 주세요.
손님	1,000원짜리 사과 세 개하고 배 두 개 주세요.

3

발음 連音化(リエゾン) ②

パッチムの次に母音がくると、パッチムの音が次の音節の初声につながって発音される。

깎아 주세요 [까까주세요]　칠백 원이에요 [칠배궈니에요]

표현

■ 가격 말하기 価格を話す

한 개에 3,000원이에요. / 1Kg에 8,000원이에요.

Tip '1つあたり(한 개에)、1Kgあたり(1Kg에)、一日に(하루에)'のように値段をつけたり計算をするときは基準にあたる単位に'에'を使用する。

■ 가격 흥정하기 値引き交渉をする

손님 : 깎아 주세요. / 싸게 해 주세요.
3,000원에 안 돼요? / 3,000원에 주세요.
주인 : 좋아요. 그럼 3,000원만 주세요.

확장

시장에서 과일이나 야채를 사는 대화를 해 보세요.
市場で果物や野菜を買う対話をしてみましょう。

아주머니 おばさん　배 梨　깎아 주다 (値段を)まけてやる　짜리 …に値するもの

Part 2

준비합시다

01 에게, 한테

여러분은 크리스마스에 주로 누구에게 선물을 줍니까?
皆さんはクリスマスに主に誰にプレゼントをあげますか。

A 크리스마스 때 누구에게 뭘 선물했어요?

B 여자 친구에게 목걸이를 주었어요. 그리고 동생에게 시계를 주었어요.

문법

N + 에게, 한테

'에게, 한테'は人や動物を表す名詞について行為の対象であることを示す助詞だ。尊敬語は'께'だ。

친구 + 에게 → 친구에게　　강아지 + 한테 → 강아지한테

연습

다음 사람들이 무엇을 하는지 말해 보세요.
次の人々は何をしているのか話してみましょう。

보기

주인　손님

바나나를 팔다

A 과일 가게 주인이 뭐 해요?

B 주인이 손님한테 바나나를 팔아요.

① 선생님　학생

수학을 가르치다

② 아이　동생

공을 던지다

③ 마이클　여자 친구

꽃을 주다

④ 친구　이치로

편지를 쓰다

- 선물하다 プレゼントする
- 목걸이 ネックレス
- 주다 やる、くれる
- 과일 가게 果物屋
- 주인 主人
- 바나나 バナナ
- 팔다 売る

02 보다

둘 이상의 사물이나 사람을 비교할 때 어떻게 말할까요?
2つ以上の物や人を比較するとき、どのように言ったらいいでしょうか。

A 설악산이 높아요, 한라산이 높아요?

B 한라산이 설악산보다 높아요.

문법

N + 보다

'보다'は比較された対象であることを示す助詞だ。

버스 + 보다 → 버스보다　　한국 + 보다 → 한국보다

연습

그림을 보고 두 가지를 비교하여 말해 보세요.
絵を見て2つを比較して話してみましょう。

보기

A 시계가 싸요, 장갑이 싸요?

B 장갑이 시계보다 싸요.

①

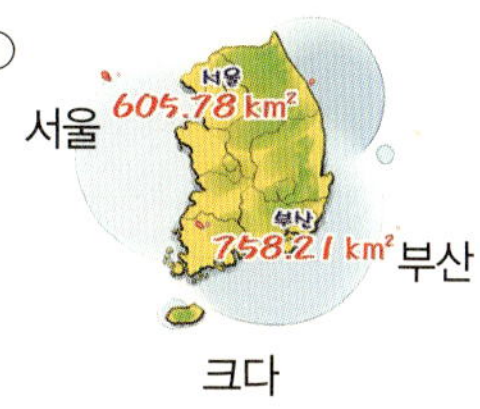

②

③

④

- 설악산 **雪嶽山**
- 한라산 **漢拏山**
- 높다 **高い**
- 장갑 **手袋**

03 –지 않다

사람이나 사물의 행동이나 상태를 부정할 때 어떻게 말할까요?
人や物の行動や状態を否定するとき、どのように言ったらいいでしょうか。

A 왕카이 씨, 이번 휴가에 고향에 가요?

B 아니요, 이번 휴가에는 고향에 가지 않아요.

문법

A/V + 지 않다

'–지 않다'は先行する行為や状態を否定する表現だ。'안'と同じ意味だ。

예쁘 + 지 않다 → 예쁘지 않다　　먹 + 지 않다 → 먹지 않다

연습

다음을 친구와 묻고 대답해 보세요.
友だちに次の質問をして、答えてみましょう。

	질문	네	아니요
보기	지금 한국 친구와 같이 살아요?	☐	☑
①	한국 친구가 많아요?	☐	☑
②	한국 드라마와 영화를 좋아해요?	☑	☐
③	고향에서 한국말을 배웠어요?	☐	☑
④	한국 노래를 자주 들어요?	☐	☑
⑤	매일 한국어 책을 읽어요?	☑	☐
⑥	요즘 한국 신문을 봐요?	☐	☑

A 지금 한국 친구와 같이 살아요?

B 아니요, 한국 친구와 같이 살지 않아요. 혼자 살아요.

혼자 一人(で)、独り(で)
드라마 ドラマ
노래 歌
자주 よく、しばしば

어휘

선물 プレゼント

7

케이크

꽃바구니

꽃다발

생일카드

화장품

액세서리

향수

인형

목도리

스카프

넥타이

만년필

허리띠

장갑

액자

장난감

Part 2

말해 봅시다

생일 선물에 대해 조언하기 誕生日のプレゼントについてアドバイスする

이번 주 토요일이 친구 동생의 생일입니다. 친구에게 어떤 선물을 사는 게 좋은지 조언해 주세요. 今週の土曜日は友だちの弟(妹)さんの誕生日です。友だちにどんなプレゼントを買ったらいいかアドバイスしてください。

Try it!

말풍선을 따라 대화를 구성해 보세요.
吹出しにしたがって対話を完成してみましょう。

수진	요코
弟(妹)の誕生日プレゼントは何がいいかアドバイスしてもらいます。	スジンに弟(妹)の誕生日プレゼントには電子辞書かMP3を勧めます。

1. 동생 생일 말하기

- 토요일 | 동생 생일
- 선물 | 사다?

2. 선물 조언하기

- 아직 X
어떤 선물 | 좋다?
- 전자사전 | 어떻다?
학생 | 인기가 많다

3. 다른 선물 조언하기

- 전자사전 | 비싸다
다른 것 | 뭐 | 있다?
- 그럼 MP3 | 어떻다?
MP3 | 전자사전 | 싸다
나 | 동생 | MP3 | 선물하다

4. 선물 결정하기

- MP3 | 좋겠다

대화

수진 이번 주 토요일이 동생 생일이에요.
요코 그래요? 생일 선물을 샀어요?
수진 아니요, 아직 사지 않았어요. 어떤 선물이 좋아요?
요코 전자사전이 어때요? 요즘 학생들에게 인기가 많아요.
수진 전자사전은 좀 비싸요. 다른 것은 뭐가 있어요?
요코 그럼 MP3는 어때요? MP3가 전자사전보다 싸요.
나도 지난번에 동생한테 MP3를 선물했어요.
수진 그래요, MP3가 좋겠어요.

8

표현

- 선물에 대한 조언 구하기 プレゼントについてアドバイスを求める

어떤 선물이 좋아요?
무엇을 살까요?
다른 것은 뭐가 있어요?

- 선물 추천하기 プレゼントを勧める

MP3가 어때요?
MP3를 선물하세요.
MP3를 선물하는 게 좋아요.

Tip 外来語を読み書きするときは韓国の'外来語表記法'に従わなければならない。
MP3 : 엠피쓰리
Digital camera : 디지털카메라 ('디카'と略して言うこともある.)

확장

친구 생일 선물이나 부모님 생신 선물에 대해 조언하는 대화를 해 보세요.
友だちや両親への誕生日プレゼントについてアドバイスする対話をしてみましょう。

아직 まだ　어떤 どんな　인기가 많다 とても人気がある　다른 것 他のもの

Part 3

들어 봅시다

가게에서 물건 사는 대화 듣기 店で物を買う対話を聞く

01 이 가게에서는 어떤 물건을 팔까요? 주인과 손님은 무엇에 대해 말할까요?
この店にはどんな物を売っているでしょうか。店主と客は何について話しているでしょうか。

02 가게 주인과 손님의 대화입니다. 잘 듣고 물음에 답하세요. 9
店での主人と客の対話です。よく聞いて質問に答えましょう。

(1) 다음 물건의 가격을 쓰세요.

①  (　　　)원 ②  (　　　)원 ③  (　　　)원

(2) 이 사람은 무엇을 샀습니까?

①  ②  ③ 

(3) 언제까지 세일입니까?

표현

■ 손님에게 인사하기 客に挨拶する

어서 오세요.
뭘 찾으세요?
구경하세요.
또 오세요.

· 가격 **価格、値段**
· 세일 **セール**

읽고 써 봅시다

쇼핑 경험에 대한 글 읽고 쓰기 ショッピングの経験についての文章を読んで書く

01 서울의 인사동은 어떤 곳입니까? 다음을 보고 이야기해 보세요.
ソウルの仁寺洞はどんな所ですか。次の写真を見て話してみましょう。

02 쇼핑 경험에 대한 글입니다. 다음을 읽고 물음에 답하세요. 10
ショッピングの経験についての文章です。次の文章を読んで質問に答えましょう。

> 인사동에서
>
> 지난 주말에 친구와 같이 인사동에 갔습니다. 인사동에는 찻집, 골동품 가게, 전통 음식점 등이 많았습니다. 우리는 전통 음식점에서 비빔밥을 먹었습니다. 그리고 식사 후에 골동품 가게를 구경했습니다. 골동품 가게에는 옛날 물건과 기념품이 많았습니다. 가격도 백화점보다 비싸지 않았습니다. 나는 필통 한 개, 부채 두 개, 엽서 다섯 장을 샀습니다. 그리고 친구에게 부채를 한 개 선물했습니다. 친구는 아주 좋아했습니다.

(1) 이 사람은 인사동에서 어디에 가지 않았습니까?

① 골동품 가게 ② 전통 음식점 ③ 찻집

(2) 이 사람은 인사동에서 무엇을 샀습니까?

(3) 맞는 것에 ✓표 하세요.

① 인사동 가게가 백화점보다 비쌉니다. 네 _____ 아니요 _____

② 이 사람은 친구한테 부채를 주었습니다. 네 _____ 아니요 _____

- 인사동 仁寺洞
- 찻집 喫茶店、茶屋
- 골동품 骨董品
- 전통 음식점 伝統料理屋
- 비빔밥 ビビンバ
- 옛날 昔
- 기념품 記念品
- 부채 扇子、扇、うちわ
- 엽서 ハガキ

03 여러분은 한국에서 쇼핑한 경험이 있습니까? 어디에서 무엇을 샀는지 여러분의 쇼핑 경험을 글로 써 보세요. 皆さんは韓国でショッピングした経験がありますか。どこで何を買ったのか、韓国でショッピングした経験を書いてみましょう。

韓国のお金 한국의 돈

한국에서는 지폐 4가지와 동전 4가지를 주로 사용합니다. 지폐는 1,000원짜리, 5,000원짜리, 10,000원짜리, 50,000원짜리가 있고, 동전은 10원짜리, 50원짜리, 100원짜리, 500원짜리가 있습니다. 그리고 현금 이외에 수표, 신용카드를 사용합니다. 1,000원짜리와 5,000원짜리 지폐에는 조선 시대 유학자인 퇴계 이황(1501~1570)과 율곡 이이(1536~1584)가 그려져 있습니다. 그리고 10,000원짜리에는 한글을 만든 조선 시대 4대왕 세종대왕(1397~1450)이 그려져 있습니다. 50,000원짜리에는 조선 시대의 여류 문인이며 화가인 신사임당(1504~1551)이 그려져 있습니다. 10원짜리 동전에는 다보탑(국보 20호)이 새겨져 있고, 50원짜리 동전에는 벼이삭이 새겨져 있습니다. 그리고 100원짜리 동전에는 거북선을 만들어 전쟁을 승리로 이끈 이순신 장군(1554~1598)이 새겨져 있습니다. 그리고 500원짜리 동전에는 부와 장수를 상징하는 학이 새겨져 있습니다.

韓国では紙幣4種類とコイン4種類が主に使用されています。紙幣は1,000ウォン、5,000ウォン、10,000ウォン、50,000ウォンのものがあり、コインは10ウォン、50ウォン、100ウォン、500ウォンのものがあります。そして、現金以外に小切手、クレジットカードを使います。

1,000ウォンと5,000ウォン紙幣には朝鮮時代の儒学者である退渓李滉(1501–1570)と栗谷李珥(1536–1584)がそれぞれ描かれています。そして10,000ウォンにはハングルを創った朝鮮時代第4代王世宗大王(1397–1450)が描かれています。50,000ウォンには朝鮮時代の女流文学者で画家である申師任堂(1504–1551)が描かれています。

10ウォン玉には慶州の仏国寺にある多宝塔(国宝20号)の絵があり、50ウォン玉には稲穂が描かれています。そして、100ウォン玉には亀船を造り戦争を勝利に導いた李舜臣将軍(1554–1598)の絵があります。そして、500ウォン玉には富と長寿を象徴する鶴が描かれています。

01 한국 돈 중에서 여자 그림이 그려져 있는 것은 무엇입니까?
韓国のお金の中で女性の絵が描かれているのはなんでしょうか。

02 여러분 나라의 지폐와 동전은 몇 종류인지, 무엇이 그려져 있는지 소개해 보세요.
皆さんの国の紙幣やコインは何種類ありますか。また、そこに何が描かれているのか紹介してみましょう。

문학 맛보기

伝承童話 소금이 나오는 맷돌

01 여러분은 소원을 들어주는 사람이나 요술 지팡이가 있다면 어떤 소원을 말하겠습니까?
皆さんは願いを叶えてくれる人や魔法の杖があったら、何をお願いしますか。

02 바닷물이 짠 이유를 한국 사람들은 어떻게 설명하는지 전래동화「소금이 나오는 맷돌」을 들으며 생각해 보세요. 海の水がしょっぱい理由を韓国人はどのように説明していますか。伝承童話「소금이 나오는 맷돌(塩が出る石臼)」を聞いて考えてみましょう。 11

소금이 나오는 맷돌

옛날에 요술 맷돌이 있었습니다. 그 맷돌 앞에서 "나와라, 돈!"이라고 말하면 돈이 나왔습니다. 그런데 어느 날 도둑이 그 맷돌을 가져갔습니다. 도둑은 배 위에서 "나와라, 소금!"이라고 말했습니다. 그때는 소금이 제일 비쌌습니다. 소금이 계속 나왔습니다. 그래서 도둑은 행복했습니다. 그런데 배가 너무 무거워졌습니다. 그래서 도둑과 맷돌은 바다 속으로 가라앉았습니다. 그리고 지금도 바다 속 맷돌에서 소금이 계속 나옵니다.

03 여러분 나라에도 바닷물이 짠 이유를 설명해 주는 이야기가 있는지 말해 보세요.
皆さんの国にも、海の水がしょっぱい理由を説明している物語がありますか。話してみましょう。

소금 **塩** 맷돌 **石臼** 요술 **妖術、魔法** 나오다 **出る** 도둑 **泥棒** 가져가다 **持っていく** 제일 **一番** 계속 **継続、引き続き** 행복하다 **幸せだ** 무거워지다 **重くなる** 바다 **海** 속 **中、内** 가라앉다 **沈む**

제9과

계획

計画

제 9 과 계획 計画

Part 1

준비합시다　**1** 의　**2** -(으)ㄹ 거예요　**3** -고 있다

말해 봅시다　휴가 계획 말하기
休暇の計画を話す

Part 2

준비합시다　**1** -(으)ㄴ 후에　**2** -(으)러 가다

말해 봅시다　수업 후 계획 제안하기
授業の後の計画を提案する

Part 3

들어 봅시다　생일 파티 계획에 대한 대화 듣기
誕生日パーティーの計画についての対話を聞く

읽고 써 봅시다　미래 계획에 대한 글 읽고 쓰기
未来の計画についての文章を読んで書く

CULTURE & LITERATURE

문화 알아보기　한국인의 새해 계획 韓国人の新年の計画

문학 맛보기　시 詩「새로운 길」

Part 1

준비합시다

01 의

12

교실에 여러 물건들이 있습니다. 이 물건들이 누구의 것인지 어떻게 말할까요?
教室に色々な物があります。これらの物が誰のものか、どのように話したらいいでしょうか。

A 이것은 누구의 사전이에요?

B 미셸의 사전이에요.

문법

N + 의

'의'は所有、関係を表す助詞だ。
'나의=내'、'저의=제'、'너의=네'と略して話す。'의'は普通 [에]と発音される。

친구 + 의 → 친구의　　선생님 + 의 → 선생님의

연습

다음 물건들이 누구의 것인지 말해 보세요.
次の物は誰の物か話してみましょう。

보기	① 수첩	② 신문	③ 교통카드	④ 화장품
여권	⑤ 만년필	⑥ 열쇠	⑦ 휴대전화	⑧ MP3

마이클

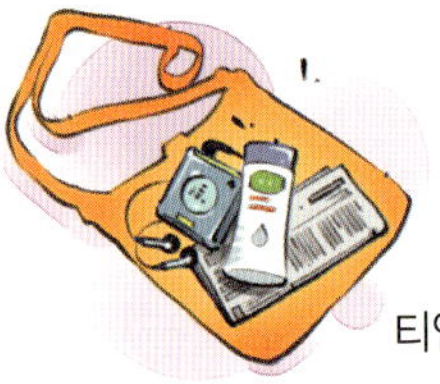
티엔

나타샤

A 이건 누구의 여권이에요?

B 마이클의 여권이에요.

여권 パスポート
수첩 手帳
교통카드 交通カード

02 -(으)ㄹ 거예요

여러분은 이번 주말에 어떤 계획이 있습니까? 앞으로의 일에 대해서 말할 때 어떻게 말할까요? 皆さんは今週の週末にどんな計画を立てていますか。これから行うことについて、どのように話したらいいでしょうか。

A 미셸 씨, 이번 주말에 무엇을 할 거예요?

B 우리 반 친구들하고 같이 등산을 할 거예요.

문법

V + (으)ㄹ 거예요

'-(으)ㄹ 거예요'は事件や行動がこれからすることを表す表現だ。

子音 + 을 거예요 예 먹을 거예요, 읽을 거예요

母音 + ㄹ 거예요 예 만날 거예요, 볼 거예요

연습

다음을 보고 마이클과 수진의 토요일 계획을 말해 보세요.
次の表を見て、マイケルとスジンの土曜日の計画を話してみましょう。

	시간	마이클	수진
보기	아침	테니스를 하다	공원을 산책하다
①	오전	남산에 가다	장을 보다
②	오후	연극표를 예매하다	친구와 점심을 먹다
③	저녁	여자 친구와 연극을 보다	방을 청소하다
④	밤	동대문 시장에서 쇼핑하다	라디오를 듣다

A 마이클 씨, 토요일에 뭐 할 거예요?

B 아침에 테니스를 할 거예요. 수진 씨는 뭐 할 거예요?

A 저는 아침에 공원을 산책할 거예요.

등산 登山
테니스를 하다 テニスをする
남산 南山
장을 보다 買い物をする
연극표 演劇のチケット
예매하다 前売り券を買う
연극을 보다 演劇を観る
동대문 시장 東大門市場

Part 1

03 –고 있다

여러분이 지금 하고 있는 일을 말할 때 어떻게 말할까요?
皆さんが現在していることについて、どのように話したらいいでしょうか。

A 창호 씨, 지금 뭐 하고 있어요?

B 뉴스를 보고 있어요.

문법

V + 고 있다

'–고 있다'は動作が進行していること表す表現だ。

하 + 고 있다 → 하고 있다　　먹 + 고 있다 → 먹고 있다

연습

다음은 마이클의 생일 파티 그림입니다. 사람들이 지금 무엇을 하고 있는지 말해 보세요.
次はマイケルの誕生日パーティーの絵です。人々は今、何をしているのか話してみましょう。

춤을 추다 · 촛불을 켜다 · 선물을 찾다 · 음악을 듣다 · 전화를 하다

A 마이클 씨는 지금 뭐 하고 있어요?

B 여자 친구하고 같이 춤을 추고 있어요.

- 뉴스 ニュース
- 춤을 추다 踊る
- 촛불을 켜다 キャンドルに火をつける
- 찾다 探す

어휘

한국 문화 韓国文化

15

한국 요리

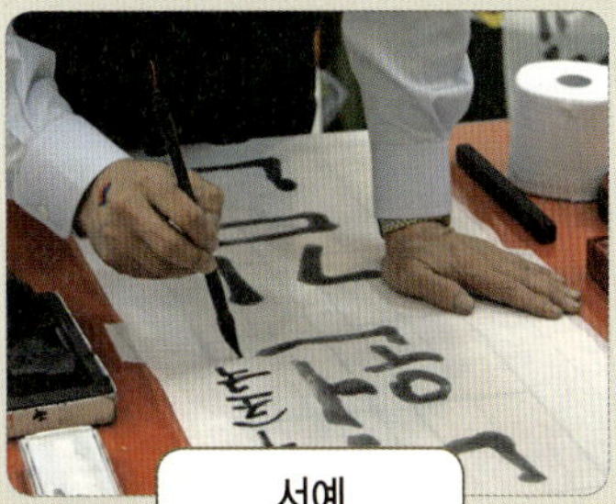
서예

탈춤

부채춤

태권도

사물놀이

한지 공예

도자기 공예

Part 1

말해 봅시다

휴가 계획 말하기 休暇の計画を話す

여러분의 휴가 계획을 친구와 말해 보세요.
皆さんの休暇の計画を友だちに話してみましょう。

Try it!

말풍선을 따라 대화를 구성해 보세요.
吹出しにしたがって対話を完成してみましょう。

수진
友だちの休暇の計画を尋ねます。

요코
自分の休暇計画を話します。

1. 휴가 기간 묻기

휴가 | 언제?

7. 25～8. 5

2. 휴가 계획 말하기

휴가 때 뭐 하다?

프랑스 파리 | 가다
거기 | 친구 | 있다

3. 휴가지에서의 계획 말하기

파리 | 뭐 하다?

에펠탑 | 보다
박물관 | 가다
프랑스 음식 | 먹다

4. 숙소에 대해서 말하기

부럽다
어디 | 묵다?

아직 모르다
지금 인터넷 | 숙소 | 찾다

대화

16

수진 요코 씨, 휴가가 언제예요?
요코 7월 25일부터 8월 5일까지예요.
수진 휴가 때 뭐 할 거예요?
요코 프랑스 파리에 갈 거예요. 거기에 제 친구가 있어요.
수진 파리에서 뭐 할 거예요?
요코 에펠탑을 볼 거예요. 그리고 박물관에 갈 거예요.
프랑스 음식도 많이 먹을 거예요.
수진 부러워요. 그런데 어디에서 묵을 거예요?
요코 아직 몰라요. 지금 인터넷에서 숙소를 찾고 있어요.
수진 그럼 휴가 잘 다녀오세요.

발음 濃音化 ②

パッチム'ㄹ'の次に 'ㄱ'、'ㄷ'、'ㅂ'、'ㅅ'、'ㅈ'がきたら [ㄲ]、[ㄸ]、[ㅃ]、[ㅆ]、[ㅉ]と発音する。

할 거예요 [할꺼예요]　　먹을 거예요 [머글꺼예요]

표현

■ 휴가 인사하기 休暇の挨拶

휴가 잘 다녀오세요.
휴가 잘 보내세요.
휴가 즐겁게 보내세요.

확장

반 친구에게 휴가 계획을 묻고 여러분의 휴가 계획을 말해 보세요.
クラスメートに休暇の計画を尋ね、皆さんの休暇の計画を話してみましょう。

에펠탑 **エッフェル塔**　부럽다 **うらやましい**　그런데 **ところで**　묵다 **泊る**　인터넷 **インターネット**　숙소 **宿所、宿**

Part 2

준비합시다

01 -(으)ㄴ 후에

17

어떤 일 다음에 일어나는 행동에 대해 말할 때 어떻게 말할까요?
あることの次に起こる行動について、どのように話したらいいでしょうか。

이치로는 샤워한 후에 아침을 먹습니다.

그리고 아침을 먹은 후에 학교에 갑니다.

문법

V + (으)ㄴ 후에

'-(으)ㄴ 후에'は動詞に接続し、ある行動をした後に他の行為をすることを表す表現だ。'-(으)ㄴ 다음에'または'-은 뒤에'と表現することもできる。

辅音 + 은 후에 　예 읽은 후에
元音, ㄹ + ㄴ 후에 　예 간 후에, 만든 후에

연습

다음 사람들은 하루 동안 어떤 순서로 일을 하는지 말해 보세요.
次の人たちは一日中、どんな順序で仕事をするのか話してみましょう。

보기	요코	조깅하다 ⇨ 샤워하다 ⇨ 한국어를 공부하다 ⇨ 숙제를 하다
①	박영민	커피를 마시다 ⇨ 서류를 읽다 ⇨ 회의하다 ⇨ 컴퓨터를 하다
②	나타샤	청소하다 ⇨ 아이와 놀다 ⇨ 장을 보다 ⇨ 저녁을 준비하다
③	프랑크	요리 재료를 사다 ⇨ 요리하다 ⇨ 식당을 정리하다 ⇨ 식당 문을 닫다

A 요코 씨는 아침에 조깅한 후에 뭐 해요?
B 조깅한 후에 샤워해요.
A 그러면 샤워한 후에 뭐 해요?
B 샤워한 후에 한국어를 공부해요. 그리고 한국어를 공부한 후에 숙제를 해요.

- 조깅하다 ジョギングする
- 그러면 そうだとすれば、それなら、そうすれば
- 서류 書類
- 요리 재료 料理の材料
- 요리하다 料理する
- 정리하다 整理する

02 -(으)러 가다

여러분은 오늘 수업 후에 어디에 갑니까? 그곳에 가는 목적을 어떻게 말할까요?
皆さんは今日の授業の後どこに行きますか。そこに行く目的をどのように話したらいいでしょうか。

A 수진 씨, 지금 어디에 가요?
B 백화점에 가요.

A 백화점에 왜 가요?
B 부모님 생신 선물을 사러 가요.

문법

V + (으)러 가다

'-(으)러 가다'は移動の目的を表す表現だ。'行く(가다)、来る(오다)、通う(다니다)などと共に使われる。

子音 + 으러　예 먹으러
母音, ㄹ + 러　예 하러, 팔러

연습

다음 사람들이 가는 곳과 그곳에 가는 목적을 묻고 대답해 보세요.
次の人たちが行く場所とそこに行く目的を質問して答えてみましょう。

	이름	가는 곳	할 일
보기	리처드	커피숍	친구를 만나다
①	마사코	도서관	책을 빌리다
②	왕카이	식당	저녁을 먹다
③	요코	문화센터	요리를 배우다
④	나타샤	사진관	여권 사진을 찍다
⑤	프랑크	공항	부모님을 마중하다

A 리처드 씨, 어디에 가요?
B 친구를 만나러 커피숍에 가요.

- 생신 誕生日
- 커피숍 コーヒーショップ
- 문화센터 文化センター
- 사진관 写真館
- 공항 空港
- 마중하다 出迎える

Part 2

말해 봅시다

수업 후 계획 제안하기 授業の後の計画を提案する

여러분은 수업 후 한국 요리를 배우러 갈 겁니다. 수업 후 계획에 대해서 말하고 다음 기회에 함께 할 것을 제안해 보세요. 皆さんは授業の後、韓国料理を習いに行くつもりです。授業の後の計画について話し、またの機会に一緒に行こうと提案してみましょう。

Try it!

말풍선을 따라 대화를 구성해 보세요.
吹出しにしたがって対話を完成してみましょう。

나타샤
韓国料理の授業について話し、一緒に行こうと提案します。

요코
友だちに授業の後の計画について尋ねます。

1. 수업 후 계획 묻기

오늘 수업 | 끝나다 → 뭐 하다?

친구 | 만나다 | 가다
나타샤 씨 | 뭐 하다?

2. 수업 후 계획 말하기

한국 요리 | 배우다 |
문화센터 | 가다

한국 요리 수업 | 어떻다?

3. 요리 수업에 대해 말하기

재미있다
지난 시간 | 불고기 + 잡채 | 배우다
요리 | 배우다 → 직접 만들다

정말 좋겠다
나 | 한국 요리 | 좋아하다

4. 내일 수업 후 계획 제안하기

그러면 내일 수업 | 끝나다 → 시간 | 있다?
같이 배우다 | 가다

좋다
내일 같이 가다

대화

19

나타샤 요코 씨, 오늘 수업이 끝난 후에 뭐 할 거예요?
요코 친구를 만나러 갈 거예요. 나타샤 씨는 뭐 할 거예요?
나타샤 저는 한국 요리를 배우러 문화센터에 갈 거예요.
요코 그래요? 한국 요리 수업은 어때요?
나타샤 재미있어요. 지난 시간에 불고기와 잡채를 배웠어요. 요리를 배운 후에 직접 만들었어요.
요코 정말 좋겠어요. 나도 한국 요리를 아주 좋아해요.
나타샤 그러면 내일 수업이 끝난 후에 시간이 있어요? 같이 배우러 가요.
요코 좋아요. 내일 같이 가요.

표현

■ 수업 후 계획 묻기 授業の後の計画を尋ねる

수업 후에 약속이 있어요?
수업이 끝난 후에 뭐 할 거예요?
수업이 끝난 후에 특별한 계획이 있어요?

확장

반 친구와 수업 후 계획에 대해 제안하는 대화를 해 보세요.
クラスメートと授業の後の計画について提案する対話をしてみましょう。

· 잡채 **チャプチェ** · 직접 **直接、じきじきに** · 좋다 **よい**

Part 3

들어 봅시다

생일 파티 계획에 대한 대화 듣기 誕生日パーティーの計画についての対話を聞く

01 이 그림에서 사람들은 무엇을 하고 있습니까? 어떤 날인지 이야기해 보세요.
この絵の中で人々は何をしていますか。どんな日なのか話してみましょう。

02 친구에게 토요일에 있을 생일 파티 계획에 대해 알려 주는 대화입니다. 잘 듣고 물음에 답하세요. 友達に会って、土曜日にある誕生日パーティーの計画について知らせる対話です。よく聞いて質問に答えましょう。 20

(1) 생일 파티는 언제 어디에서 합니까?

① 날짜 : (　　)월 (　　)일 (　　)요일

② 시간 : ______________________

③ 장소 : ______________________

(2) 맞는 것에 ✓표 하세요.

① 마이클 씨가 케이크를 준비할 겁니다. 네 ______ 아니요 ______

② 노래방에 간 후에 함께 저녁을 먹을 겁니다. 네 ______ 아니요 ______

③ 수진 씨와 티엔 씨는 길에서 이야기를 하고 있습니다.

네 ______ 아니요 ______

읽고 써 봅시다

미래 계획에 대한 글 읽고 쓰기 未来の計画についての文章を読んで書く

01 다음은 무슨 그림입니까? 그림을 보고 친구와 이야기해 보세요.
次は何の絵でしょうか。絵を見て友だちと話してみましょう。

02 미래 계획에 대한 글입니다. 다음을 읽고 물음에 답하세요. 21
未来の計画についての文章です。次の文章を読んで質問に答えましょう。

나의 계획

저는 대학교 3학년 학생입니다. 제 전공은 한국학입니다. 저는 두 달 전에 한국어를 배우러 한국에 왔습니다. 한국에서 여러 나라 친구들을 사귀었습니다. 한국 생활은 무척 즐겁습니다.

저는 한국의 역사에 관심이 많습니다. 그래서 이번 학기가 끝난 후에 친구들과 한국의 유적지를 여행할 겁니다. 그리고 미국에 돌아갈 겁니다. 내년에 미국에서 대학교를 졸업한 후에 한국의 역사를 공부하러 한국에 다시 유학을 올 겁니다. 그리고 한국의 대학원에서 공부를 마친 후에 한국 역사 전문가가 될 겁니다. 여러분, 제 계획이 어떻습니까?

- 한국학 韓国学
- 여러 나라 色々な国、諸国
- (친구를)사귀다 付き合う
- 무척 たいへん、とても
- 역사 歴史
- 관심이 많다 関心が多い
- 학기 学期
- 유적지 遺跡
- 돌아가다 帰る、戻る
- 졸업하다 卒業する
- 유학 留学
- 대학원 大学院
- 마치다 終える
- 전문가 専門家

(1) 이 사람은 한국에 왜 왔습니까?

① 친구들을 사귀러 ② 한국어를 배우러 ③ 여행하러 ④ 취직하러

(2) 맞는 것에 ✔표 하세요.

① 이 사람은 지금 역사 전문가입니다. 네 _____ 아니요 _____

② 이 사람은 내년에 대학을 졸업할 겁니다. 네 _____ 아니요 _____

③ 이 사람은 다음 학기에도 한국에서 공부할 겁니다. 네 _____ 아니요 _____

03 여러분은 어떤 미래 계획을 가지고 있습니까? 여러분의 미래 계획에 대해 써 보세요.
皆さんは未来についてどのような計画を立てていますか。皆さんの計画について書いてください。

문화 알아보기

韓国人の新年の計画 한국인의 새해 계획

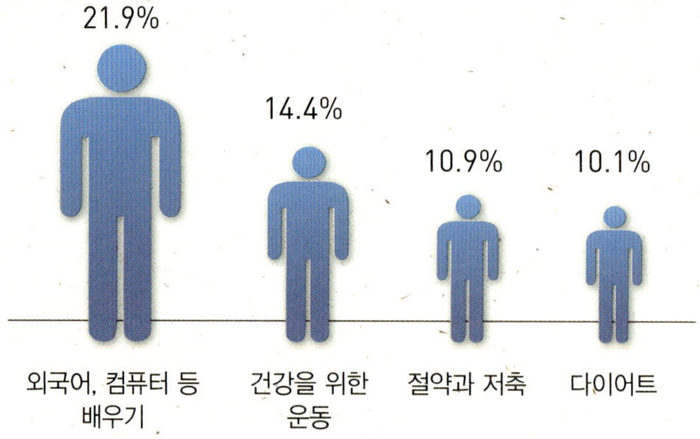

〈 20~30대 직장인들의 새해 계획 〉

새해가 되면 대부분의 사람들은 한 해의 계획을 세웁니다. 한 조사 결과에 따르면 한국의 20~30대 직장인들이 매년 세우는 새해 계획은 '외국어, 컴퓨터 등 배우기'가 21.9%로 가장 많았고 '건강을 위한 운동'(14.4%), '절약과 저축'(10.9%), '다이어트'(10.1%) 등이 뒤를 이었습니다. 흥미로운 점은 남·여 직장인들이 세우는 계획에 약간의 차이가 있다는 것입니다. 남성 직장인들은 금주 및 금연 등의 건강 관리를 중요하게 생각했고 여성 직장인들은 외국어 공부와 더 좋은 직장으로의 이직을 더 많이 선호했습니다.

新年になると、ほとんどの人は一年の計画を立てます。ある調査結果によると、韓国の20～30代の会社員は、毎年新年の計画として'外国語、パソコンなどを学ぶこと'を立てるのが21.9%で最も多く挙げ、'健康のための運動'(14.4%)、'節約と貯蓄'(10.9%)、'ダイエット'(10.1%)などが次ぎました。興味深いことは男女によって若干の違いがあることです。男性は禁酒や禁煙などの健康管理が重要だと考え、女性は外国語の勉強やよりよい職場への転職を望むという結果が出ました。

01 한국의 20~30대 여성 직장인들이 가장 우선시하는 새해 계획은 무엇입니까?
韓国の20~30代の女性会社員が、最も優先する新年の計画は何でしょうか。

02 여러분의 올해 계획 5가지를 순서대로 소개해 보세요.
皆さんの今年の計画を、重要な順序に5つを紹介してみましょう。

문학 맛보기

詩 새로운 길

01 다음의 그림들을 보면서 이야기를 만들어 보세요.
次の絵を見ながら物語を作ってみましょう。

02 과거에서 현재, 미래로 이어지는 길을 노래한 윤동주의 시를 낭송하면서 감상해 보세요. 22
過去から現在、未来へと続く道を詠んだユン・ドンジュ(尹東柱)の詩を朗読しながら鑑賞してみましょう。

새로운 길

윤동주(1917~1945)

내를 건너서 숲으로
고개를 건너서 마을로

어제도 가고 오늘도 갈
나의 길 새로운 길

민들레가 피고 까치가 날고
아가씨가 지나고 바람이 일고

나의 길은 언제나 새로운 길
오늘도…… 내일도……

내를 건너서 숲으로
고개를 건너서 마을로

『아름다운 사람 하나』, 들꽃세상, 1990

03 여러분의 과거로부터 미래까지를 어떤 길로 묘사할 수 있을까요? 이야기해 보세요.
皆さんは過去から未来までをどのような道に描くことができますか。話してみましょう。

새로운 新しい　내 川、小川　건너다 渡る　숲 林、森　고개 峠、坂　마을 村　민들레 たんぽぽ　피다 咲く
까치 かささぎ　날다 飛ぶ　아가씨 お嬢さん、娘さん　지나다 過ぎる、通過する　바람 風　일다 起る、生じる

제10과

음식

食べ物

제 10 과 음식 食べ物

Part 1

준비합시다 — 1 -(으)ㄹ까요, -(으)ㅂ시다 2 -고 싶다

말해 봅시다 — 식당 안내책을 보고 식당 정하기
食堂のガイドブックを見て食堂を決める

Part 2

준비합시다 — 1 -아/어서 2 ㅂ 불규칙

말해 봅시다 — 음식 추천하기
食べ物を勧める

Part 3

들어 봅시다 — 학교 방송 듣기
学校放送を聞く

읽고 써 봅시다 — 좋아하는 음식에 대한 글 읽고 쓰기
好きな食べ物についての文章を読んで書く

CULTURE & LITERATURE

문화 알아보기 — 김치 キムチ

문학 맛보기 — 전래동화 伝承童話「호랑이와 곶감」

Part 1

준비합시다

01 -(으)ㄹ까요, -(으)ㅂ시다

23

다른 사람의 생각을 묻거나 같이 하자고 제안할 때 어떻게 말할까요?
他の人の考えを尋ねたり一緒にしようと提案するとき、どのように話せばいいでしょうか。

A 요코 씨, 뭘 시킬까요?

B 갈비를 이 인분 시킵시다. 그리고 물냉면도 시킵시다.

문법

V + (으)ㄹ까요, V + (으)ㅂ시다

'-(으)ㄹ까요?'は相手の考えや意向を聞いたり提案するときに使う語尾だ。'-(으)ㅂ시다'は一緒にしようと提案したり要求するとき使う。'-(으)ㅂ시다'は目上の人には使わない。

子音 + 을까요, 읍시다　　예 먹을까요, 먹읍시다
母音, ㄹ + ㄹ까요, ㅂ시다　　예 갈까요, 갑시다, 살까요, 삽시다

연습

마사코 씨의 송별회 준비로 어떤 것이 좋은지 선택해서 제안해 보세요.
昌子の送別会を準備します。下の表からどれがいいか選んで提案してみましょう。

보기	시간	(수요일 오후), 금요일 저녁, 토요일 오후
①	장소	기숙사 휴게실, 학교 앞 식당, 마사코 씨 하숙집
②	초대 손님	학교 친구, 한국 친구, 선생님
③	음식	비빔밥과 된장찌개, 피자와 샐러드, 불고기와 잡채
④	연락 방법	이메일, 전화, 문자, 초대장

A 마사코 씨의 송별회를 언제 할까요?

B 수요일 오후에 합시다.

- 시키다 **注文する、させる**
- 이 인분 **2人分**
- 물냉면 **水冷麺**
- 송별회 **送別会**
- 피자 **ピザ**
- 샐러드 **サラダ**
- 연락 방법 **連絡方法**
- 문자 **(携帯)メール**
- 초대장 **招待状**

02 –고 싶다

24

여러분은 하고 싶은 일을 이야기할 때 어떻게 말합니까?
皆さんはしたいことを、どのように話しますか。

A 오늘 점심에 뭘 먹고 싶어요?

B 저는 불고기를 먹고 싶어요. 같이 한식집에 갑시다.

문법

V + 고 싶다

'–고 싶다'はある行為をしたいことを表す。

가 + 고 싶다 → 가고 싶다　　만들 + 고 싶다 → 만들고 싶다

연습

다음 사람들은 무엇을 하고 싶은지 보기와 같이 이야기해 보세요.
次の人たちは何をしたがっていますか。例のように話してみましょう。

		마이클	수잔
보기	주말	영화를 보다	집에서 쉬다
①	방학	제주도를 여행하다	가족을 만나러 가다
②	생일	친구들을 집에 초대하다	가족과 같이 저녁을 먹다
③	크리스마스	동생에게 선물을 보내다	크리스마스트리를 만들다
④	졸업 후	한국 회사에서 일하다	여행사에 취직하다

A 마이클 씨, 주말에 무엇을 하고 싶어요?

B 영화를 보고 싶어요. 수잔 씨는요?

A 저는 집에서 쉬고 싶어요.

- 한식집 **韓国料理店**
- 크리스마스트리 **クリスマスツリー**
- 졸업 **卒業**
- 일하다 **働く**
- 여행사 **旅行会社**
- 취직하다 **就職する**

Part 1

말해 봅시다

식당 안내책을 보고 식당 정하기 食堂のガイドブックを見て食堂を決める

여러분은 친구와 점심에 근처 식당에 가려고 합니다. 식당 안내책을 보고 식당을 정해 보세요. 皆さんは友だちとお昼に近くの食堂に行こうと思っています。ガイドブックを見て食堂を決めてみましょう。

Try it!

말풍선을 따라 대화를 구성해 보세요.
吹出しにしたがって対話を完成してみましょう。

왕카이
学校の近くの食堂のメニューとその味について尋ねます。

마이클
食べたい物を話し、学校の近くの食堂について話してください。

1. 먹고 싶은 음식 묻기

- 왕카이: 오늘 점심 | 뭐 | 먹다?
- 마이클: 스파게티 | 먹다 / 왕카이 씨 | 뭐 | 먹다?

2. 먹고 싶은 음식 말하기

- 왕카이: 저 | 이탈리아 음식 | 먹다
- 마이클: 여기 식당 안내책 | 있다 / 한번 보다 / 근처 식당 | 거의 다 있다

3. 안내책의 식당 장점과 단점 말하기

- 왕카이: 어디 | 좋다?
- 마이클: 이타리노 | 맛있다 / 그런데 비싸다

4. 다른 식당의 장점 말하기

- 왕카이: 또 어디 | 괜찮다?
- 마이클: 스패뉴 | 괜찮다 / 그 집 | 양 | 많다 / 식사 후 | 커피 | 주다

5. 식당 위치 묻기

- 왕카이: 여기 | 멀다?
- 마이클: 아니요. 멀다× / 정문 근처

6. 식당 정하기

- 왕카이: 좋다 / 거기 | 가다
- 마이클: 그래요

대화

25

왕카이	마이클 씨, 오늘 점심에 뭘 먹을까요?
마이클	전 스파게티를 먹고 싶어요. 왕카이 씨는 뭘 먹고 싶어요?
왕카이	저도 이탈리아 음식을 먹고 싶어요.
마이클	여기 식당 안내책이 있어요. 한번 보세요. 근처 식당이 거의 다 있어요.
왕카이	어디가 좋아요?
마이클	이타리노가 맛있어요. 그런데 좀 비싸요.
왕카이	또 어디가 괜찮아요?
마이클	스패뉴도 괜찮아요. 그 집은 양이 많아요. 그리고 식사 후에 커피도 줘요.
왕카이	여기에서 멀어요?
마이클	아니요, 멀지 않아요. 정문 근처예요.
왕카이	좋아요. 거기로 가요.
마이클	그래요.

발음 '의'の発音

'의'が語頭以外にくる場合は、[의]または [이]と発音する。

거의 [거의], [거이]　　토의하다 [토의하다], [토이하다]

표현

■ 식당에 대해 평하기 食堂を評価する。

그 식당이 괜찮아요. / 그 식당은 너무 비싸요.
거기는 서비스가 나빠요. / 거기는 음식도 맛있어요. 그리고 깨끗해요.

확장

반 친구와 학교 근처 식당 중 음식을 잘하는 곳에 대해 이야기하고 점심을 먹을 식당을 정해 보세요.
クラスメートと学校の近くの食堂の中でどこが美味しいか話し合い、お昼を食べる食堂を決めてみましょう。

이탈리아 **イタリア**　안내책 **ガイドブック**　거의 **ほとんど**　괜찮다 **大丈夫だ、なかなかいい**　양 **量**　정문 **正門**

Part 2

준비합시다

01 –아/어서

26

여러분이 약속을 지키지 못한 이유를 이야기할 때 어떻게 말하면 좋을까요?
皆さんが約束を守れない理由を言うとき、どのように話したらいいでしょうか。

A 마이클 씨의 생일 파티에 왜 안 갔어요?

B 아파서 못 갔어요.

문법

A/V + 아/어서

'–아/어서'は動作や状態が原因や条件になることを表す。過去や未来を表す語尾と共に使用しない。

어간 'ㅏ', 'ㅗ' + 아서 예 많아서, 와서 ※하다 → 해서 예 친절해서

그 외 어간 + 어서 예 먹어서 이다 → 子音 + 이어서, 이라서 예 학생이어서, 학생이라서

母音 + 여서, 라서 예 학교여서, 학교라서

연습

다음 일들에 대한 이유를 찾아 연결하고 이야기해 보세요.
それぞれの結果に合う理由を選び、線で結んで話してみましょう。

이유	결과
보기 불고기가 비싸다	지난 주말에 연락을 못 했다
① 책이 재미있다	불고기를 안 시켰다
② 한국에 친구가 없다	이 하숙집을 친구에게 소개했다
③ 주인아주머니가 친절하다	한국 생활이 재미없다
④ 지난 주말에 바빴다	학교에 안 왔다
⑤ 회의 시간에 늦었다	이 책을 또 읽다
⑥ 감기에 걸렸다	택시를 탔다

- 주인아주머니 **大家さん**
- 친절하다 **親切だ**
- 감기에 걸리다 **風邪をひく**
- 소개하다 **紹介する**
- 또 **また**

A 왜 불고기를 안 시켰어요?

B 불고기가 비싸서 안 시켰어요.

02 ㅂ 불규칙

27

음식의 맛은 한국어로 어떻게 말할까요?
食べ物の味を韓国語でどのように話したらいいでしょうか。

A 김치 맛이 어때요?

B 조금 매워요.

문법

ㅂ 불규칙

'ㅂ'で終わる動詞や形容詞の中の一部は、後に母音で始まる語尾が来れば、語幹の'ㅂ'が脱落し'ㅜ'または'ㅗ'が添加される。

어렵 + 어요 → 어려워요　　돕 + 아요 → 도와요

연습

다음의 단어를 사용해서 대화를 완성해 보세요.
次の形容詞を使って対話を完成してみましょう。

맵다 · 쉽다 · 춥다 · 어렵다 · 가깝다 · 싱겁다

보기	**A** 이 소설이 재미있어요? **B** 네, 재미있어요. 그런데 조금 어려워요.
①	**A** 이 김치찌개 맛이 어때요? **B** 조금 ______________ . 그렇지만 맛있어요.
②	**A** 학교에서 하숙집이 멀어요? **B** 아니요, 멀지 않아요. ______________ .
③	**A** 어제 한국어 시험이 어땠어요? 어려웠어요? **B** 아니요, 어렵지 않았어요. ______________ .
④	**A** 그 식당의 삼계탕이 어땠어요? 짰어요? **B** 아니요. ______________ 소금을 더 넣었어요.
⑤	**A** 오늘 야구를 안 할 거예요? **B** 네. 날씨가 너무 ______________ 밖에 안 나갈 거예요.

- 맵다 **辛い**
- 싱겁다 **味が薄い、水っぽい**
- 소설 **小説**
- 삼계탕 **サムゲタン(蔘鷄湯)**
- 더 **もっと**
- 넣다 **入れる**
- 야구를 하다 **野球する**
- 날씨 **天気**

Part 2

말해 봅시다

음식 추천하기 食べ物を勧める

여러분은 친구와 같이 식당에 갔습니다. 그 식당의 잘하는 음식을 알려 주고, 먹을 음식을 정해 보세요. 皆さんは友だちと一緒に食堂に行きました。その食堂の美味しい料理とその味について話し、食べたい物を決めてみましょう。

Try it!

말풍선을 따라 대화를 구성해 보세요.
吹出しにしたがって対話を完成してみましょう。

하이안
韓国料理店の有名な食べ物について紹介します。

이치로
その食堂の有名な食べ物とその味について尋ねて注文を決めます。

1. 맛있는 음식 묻기

- 하이안: 여기 앉다
- 이치로: 그런데 이 집 | 뭐 | 맛있다?

2. 유명한 음식의 맛 묻기

- 하이안: 김치찌개 | 유명하다 / 갈비탕 | 비빔밥 | 잘하다
- 이치로: 저 | 갈비탕 | 많이 먹다 / 비빔밥 | 맛 | 어떻다? 맵다?

3. 먹고 싶은 음식 말하기

- 하이안: 맵다 × / 야채 | 많다 | 맛있다 / 뭐 | 먹다?
- 이치로: 저 | 비빔밥 | 먹다 / 하이안 씨?

4. 음식 정하기

- 하이안: 저 | 비빔밥
- 이치로: 비빔밥 둘 시키다

대화

하이안	이치로 씨, 여기 앉읍시다.
이치로	네. 그런데 이 집은 뭐가 맛있어요?
하이안	여기는 김치찌개가 유명해요. 그리고 갈비탕하고 비빔밥도 잘해요.
이치로	전 갈비탕을 많이 먹었어요. 비빔밥은 맛이 어때요? 매워요?
하이안	아니요, 맵지 않아요. 야채가 많아서 맛있어요. 이치로 씨, 뭘 먹고 싶어요?
이치로	전 비빔밥을 먹고 싶어요. 하이안 씨는요?
하이안	저도 비빔밥요.
이치로	그럼, 비빔밥 둘 시킵시다.

표현

■ 음식 맛 말하기 食べ物の味を話す

A : 맛이 어때요?
B : 짜요. / 매워요. / 시어요. / 달아요.

■ 음식의 맛 食べ物の味

짜다	맵다	시다	달다	쓰다

■ 한국 음식 韓国の食べ物

잡채	된장찌개	비빔밥	떡국	물냉면	순두부찌개

확장

반 친구와 식당에 갔습니다. 친구에게 어떤 음식이 맛있는지 이야기하고 그 이유도 말하세요.
クラスメートと食堂に行きました。友だちにどんな食べ物が美味しいか,その理由はなにか話しましょう。

김치찌개 **キムチチゲ(キムチ鍋)**　유명하다 **有名だ**　갈비탕 **カルビタン(カルビ湯)**

Part 3

들어 봅시다

학교 방송 듣기 学校放送を聞く

01 이 사람은 지금 무엇을 하고 있습니까? 무엇에 대해 말하고 있을까요? 서로 이야기해 보세요. この人は今、何をしていますか。何について話していますか。お互いに話してみましょう。

02 다음은 학교 방송의 일부입니다. 잘 듣고 물음에 답하세요. 29
次は学校放送の一部です。よく聞いて質問に答えましょう。

(1) 아나운서는 지금 무엇을 소개하고 있습니까?

① 학생들이 무슨 음료수를 좋아합니까?

② 학생들이 주말에 어디에 자주 갑니까?

③ 학교 근처의 어느 커피숍이 좋습니까?

(2) 여학생이 무엇을 말하지 않았습니까?

① '커피사랑'은 학교 근처에 있습니다.

② '커피사랑'은 맛있지만 조금 비쌉니다.

③ '커피사랑'에서 여러 가지 커피를 팝니다.

(3) 남학생은 '카페 미소'에 왜 자주 갑니까?

① 커피가 쌉니다.

② 친구들이 많이 옵니다.

③ 음악 연주가 좋습니다.

- 아나운서 アナウンサー
- 음료수 飲み物
- 여러 가지 いろいろ、各種
- 연주 演奏

읽고 써 봅시다

좋아하는 음식에 대한 글 읽고 쓰기 好きな食べ物についての文章を読んで書く

01 다음은 무슨 음식인지, 여러분이 좋아하는 음식은 무엇인지 사진을 보고 이야기해 보세요.
次はどんな食べ物ですか。次の中で皆さんが好きな食べ物は何ですか。写真を見て話してみましょう。

02 좋아하는 음식에 대한 글입니다. 다음을 읽고 물음에 답하세요. 30
好きな食べ物についての文章です。次の文章を読んで質問に答えましょう。

떡볶이와 김밥

수잔 씨는 한국 음식을 좋아합니다. 특히 떡볶이와 김밥을 좋아합니다. 처음에는 떡볶이가 매워서 먹지 못했습니다. 그런데 어느 날 학생 식당에서 김밥과 같이 떡볶이를 먹었습니다. 아주 맛있었습니다. 그다음부터 떡볶이와 김밥을 먹으러 학생 식당에 자주 갔습니다.

지난 방학에 수잔 씨는 고향에 가족을 만나러 갔습니다. 그리고 여러 가지 음식을 많이 먹었습니다. 그런데 계속 떡볶이와 김밥이 생각났습니다. 정말 먹고 싶어서 한국 식당에 갔습니다. 그렇지만 맛이 없었습니다.

수잔 씨는 3주 후에 한국에 돌아왔습니다. 그리고 제일 먼저 한국 친구에게 전화했습니다. "계속 떡볶이와 김밥이 생각났어요. 오늘 학생 식당에 갈까요?"라고 말했습니다. 친구는 크게 웃었습니다. 그리고 "그래요. 그런데 ㉠ 수잔 씨는 정말 한국 사람이 다 되었어요."라고 말했습니다.

(1) 맞는 것에 ✓표 하세요.

① 수잔 씨는 처음부터 떡볶이를 잘 먹었습니다. 네 ____ 아니요 ____

② 수잔 씨의 고향에 한국 식당이 있습니다. 네 ____ 아니요 ____

③ 수잔 씨는 한국에 온 후 제일 먼저 떡볶이를 만들었습니다. 네 ____ 아니요 ____

(2) 수잔 씨의 친구가 왜 ㉠처럼 말했습니까?

- 어느 날 **ある日**
- 학생 식당 **学生食堂**
- 그다음부터 **その次から**
- 생각나다 **思い浮かぶ、思い出される**
- 크게 웃다 **大笑いする**

03 여러분은 어떤 음식을 좋아합니까? 좋아하는 음식을 소개하는 글을 써 보세요.
皆さんはどんな食べ物が好きですか。好きな食べ物を紹介する文を書いてみましょう。

문화 알아보기

キムチ 김치

김치는 한국의 대표적인 음식 중의 하나입니다. 김치는 무나 배추, 오이 등의 야채를 소금에 절인 후에 양념을 해서 만듭니다. 김치를 처음 먹기 시작했을 때는 고춧가루를 사용하지 않았습니다. 그런데 17세기 이후 한국에 고추가 들어온 다음에 김치에 고춧가루를 넣기 시작했습니다. 김치는 지방에 따라 맛도 다르고 종류도 다양합니다. 보통 많이 먹는 김치는 배추김치, 깍두기, 물김치, 동치미, 오이김치 등입니다. 그리고 김치는 찌개, 만두, 김밥 등 여러 음식의 재료로도 많은 사랑을 받고 있습니다.

キムチは韓国の代表的な食べ物の一つです。キムチは大根や白菜、きゅうりなどの野菜を塩漬けにし、薬味で味付けして作ります。キムチを作って食べ始めた頃は唐辛子の粉を使いませんでした。けれども17世紀以降、韓国に唐辛子が入った後かちはキムチに唐辛子の粉を入れ始めました。キムチは地域によって味も違い、種類も様々です。私たちがよく食べるキムチは白菜キムチ、カットゥギ、水キムチ、トンチミ、キュウリのキムチなどがあります。そしてキムチはチゲ(鍋)、マンドゥ(餃子)、キムパプ(のり巻き)など様々な料理の食材としてもすごく愛されています。

01 김치는 무엇으로 어떻게 만듭니까? 서로 이야기해 보세요.
キムチはどんな材料でどのように作られますか。お互いに話してみましょう。

02 여러분 나라의 음식 중 대표적인 음식에는 무엇이 있습니까? 그 음식에 대해서 이야기해 보세요. 皆さんの国の食べ物の中で代表的な食べ物は何ですか。その食べ物について話してみましょう。

문학 맛보기

01 다음 동물들이 좋아하는 음식은 무엇인지 말해 보세요.
次の動物が好きな食べ物は何ですか。話してみましょう。

① 

② 

③ 

02 한국의 전래동화 「호랑이와 곶감」을 읽으면서 호랑이가 가장 무서워한 것은 무엇이었는지 생각해 보세요. 韓国の伝承童話「호랑이와 곶감(トラと干し柿)」を読んで、トラが一番怖がっていたものは何だったか考えてみましょう。 31

호랑이와 곶감

옛날에 어떤 집에 호랑이가 왔습니다. 그런데 그 집의 아이가 울고 있었습니다. 엄마가 아이에게 "울면 호랑이가 올 거야."라고 말했습니다. 그런데 아이는 엄마 말을 들은 후에도 계속 울었습니다. 엄마가 이번에는 "울면 곶감 안 줄 거야."라고 말했습니다. 그 말을 듣고 아이가 울지 않았습니다. 이것을 보고 호랑이는 '곶감? 곶감이 제일 무서운 동물이구나.'라고 생각했습니다. 그래서 호랑이는 곶감이 무서워서 그 집에서 도망쳤습니다.

03 여러분 나라의 동물과 관련된 음식 이야기를 친구들과 함께 이야기해 보세요.
皆さんの国にある動物と関連した食べ物の話しを、友だちと一緒に話し合いましょう。

호랑이 トラ　곶감 干し柿　울다 泣く　무섭다 怖い　도망치다 逃げる

제11과

교통

交通

제 11 과 교통 交通

Part 1

준비합시다 | **1** (으)로(手段) **2** ㄷ 불규칙 **3** 에서 ~ 까지

말해 봅시다 | 목적지까지 가는 방법 묻기
目的地まで行く方法を尋ねる

Part 2

준비합시다 | **1** -(으)려고 하다 **2** -(으)십시오

말해 봅시다 | 길 묻기
道を尋ねる

Part 3

들어 봅시다 | 기차표 예매하는 대화 듣기
汽車の乗車券を予約·購入する対話を聞く

읽고 써 봅시다 | 관광 코스 소개의 글 읽고 쓰기
観光コースの紹介する文章を読む

CULTURE & LITERATURE

문화 알아보기 | 서울의 대중교통 ソウルの大衆交通

문학 맛보기 | 민요 民謡 「아리랑」

Part 1

준비합시다

01 (으)로(手段)

여러분은 학교에 무엇을 타고 갑니까? 그 교통수단을 말할 때 어떻게 말할까요?
皆さんは学校に何に乗って行きますか。その交通手段について、どのように話したらいいでしょうか。

A 마이클 씨는 학교에 어떻게 가요?

B 버스로 가요. 요코 씨는요?

A 저는 지하철로 가요.

문법

N + (으)로

'(으)로'はある行為の道具や手段を表す助詞だ。

子音 + 으로 예 트럭으로

母音, ㄹ + 로 예 비행기로, 지하철로

연습

다음의 장소에 어떻게 가는지 이야기해 보세요.
次の場所にどうやって行ったらいいか話してみましょう。

A 공원에 어떻게 가요?

B 공원에 자전거로 가요. 집에서 가까워요.

버스 バス
지하철 地下鉄
자전거 自転車

02 ㄷ 불규칙

여러분은 가까운 거리도 차를 타고 갑니까, 아니면 걸어서 갑니까?
皆さんは近い距離でも車に乗って行きますか。それとも歩いて行きますか。

A 백화점에 차로 갈까요?

B 아니요, 걸어서 갑시다. 여기에서 멀지 않아요.

문법

ㄷ 불규칙

'ㄷ' で終わる動詞の一部は母音で始まる語尾の前で'ㄷ'が 'ㄹ'に変化する。

걷 + 어서 → 걸어서　　듣 + 어요 → 들어요

연습

다음의 단어를 사용해서 대화를 완성하세요.
次の単語を使って対話を完成させてみましょう。

듣다 · 묻다 · 걷다

보기	**A** 우리 어떤 음악을 들을까요? **B** 저는 한국 가요를 듣고 싶어요. 이 노래를 같이 들읍시다.
①	**A** 어서 오세요, 요코 씨. 집을 쉽게 찾았어요? **B** 아니요. 길을 잘 몰라서 경찰관에게 ______________.
②	**A** 한국어를 잘하고 싶어요. 어떻게 공부할까요? **B** 수업 시간에 선생님 말씀을 잘 ______________. 그리고 숙제도 열심히 하세요.
③	**A** 왜 그래요? 어디 아파요? **B** 네. 어제 너무 많이 ______________ 다리가 아파요.
④	**A** 이번 주 금요일에 우리 반 모임이 있어요. **B** 저도 알아요. 어제 티엔 씨에게 ______________.

가요 歌謡
쉽게 簡単に
찾다 探す

03 에서 ~ 까지

출발 지점과 도착 지점을 어떻게 말할까요?
出発地点と到着地点について、どのように話しますか。

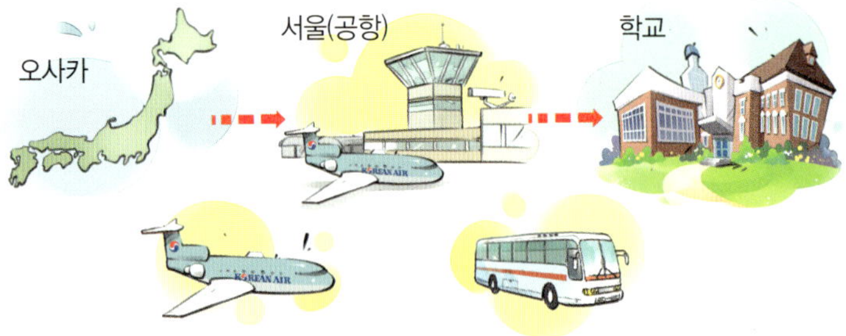

A 요코 씨, 서울에 어떻게 왔어요?

B 오사카에서 서울까지 비행기로 왔어요.
그리고 공항에서 학교까지 공항버스로 왔어요.

문법

N + 에서 ~ N + 까지

場所の出発地点と到着地点を表すとき使用する助詞である。

서울에서 부산까지　　프랑스에서 이탈리아까지

연습

서울의 여러 곳에 어떻게 가면 좋은지 말해 보세요.
ソウルの色々な場所に行く方法を話してみましょう。

보기 호텔 앞

① 명동

② 경복궁

③ 63빌딩

④ 롯데월드

A 호텔에서 명동까지 어떻게 가요?

B 걸어서 가세요. 아주 가까워요.

- 공항버스 **空港バス**
- 명동 **明洞**
- 63빌딩 **63ビル**
- 롯데월드 **ロッテワールド**

어휘

교통수단 交通の手段

버스

지하철

기차

자동차

택시

비행기

배

트럭

자전거

오토바이

교통 관련 어휘 交通関係の語彙

길을 건너다

버스를 타다

버스에서 내리다

지하철을 갈아타다

지하철역

버스정류장

기차역

공항

교통카드

육교

지하도

횡단보도

Part 1

말해 봅시다

목적지까지 가는 방법 묻기 目的地まで行く方法を尋ねる

여러분은 연극을 보러 대학로에 가려고 합니다. 친구에게 대학로까지 가는 방법을 물어 보세요. 皆さんは演劇を観にテハンノ(大学路)に行きます。友だちにテハンノまで行く方法を尋ねてみましょう。

Try it!

말풍선을 따라 대화를 구성해 보세요.
吹出しにしたがって対話を完成してみましょう。

마이클
テハンノまで行く方法を尋ねます。

수진
地下鉄でイデ(梨大)からテハンノまで行く方法を教えます。

1. 교통수단 묻기

대학로 | 연극 | 보러 가다
학교 | 대학로 | 어떻게 가다?

지하철 | 가다
토요일 | 길이 막히다

2. 가는 방법 묻기

지하철 | 어떻게 가다?

이대역 | 2호선 | 타다
동대문역사문화공원역 | 4호선 | 갈아타다
혜화역 | 내리다

3. 소요 시간 묻기

시간 | 얼마나 걸리다?

30분쯤 걸리다

4. 인사하기

멀지 않다
고맙다

연극 재미있게 보다

대화

36

마이클 오늘 제가 대학로에 연극을 보러 갈 거예요.
그런데 학교에서 대학로까지 어떻게 가요?

수진 지하철로 가세요. 오늘은 토요일이라서 길이 막힐 거예요.

마이클 지하철로 어떻게 가요?

수진 이대역에서 2호선을 타세요.
그리고 동대문역사문화공원역에서 4호선으로 갈아타세요.
혜화역에서 내리세요.

마이클 대학로까지 시간이 얼마나 걸려요?

수진 30분쯤 걸려요.

마이클 여기에서 멀지 않군요. 고마워요.

수진 연극 재미있게 보세요.

발음 鼻音化 ②

パッチム'ㄱ' は 'ㄴ'、'ㅁ'の前では[ㅇ]と発音する。そしてパッチム'ㄱ'の後にくる'ㄹ'は [ㄴ] と発音する。

국물 [궁물]　　대학로 [대항노]

표현

■ 지하철 이용 방법 말하기 地下鉄の利用の仕方を話す

이대역에서 지하철 2호선을 타세요.
동대문역사문화공원역에서 4호선으로 갈아타세요.

■ 소요 시간 말하기 所要時間を話す

A : 대학로까지 시간이 얼마나 걸려요?
B : 지하철로 30분쯤 걸려요.

확장

서울의 지하철 노선도를 보고 경복궁이나 서울역 등에 어떻게 가는지 대화를 해 보세요. ソウルの地下鉄路線図を見て、景福宮やソウル駅などへの行き方を話してみましょう。

대학로 **テハンノ(大学路)**　길이 막히다 **道が込む、渋滞する**　동대문역사문화공원역 **東大門歴史文化公園駅**　혜화역 **恵化駅**

Part 2

준비합시다

01 -(으)려고 하다

37

여러분이 수업 후에 무엇을 하려고 하는 의향을 나타낼 때 어떻게 말할까요?
皆さんが授業の後に、何かをしようとする意向を表すとき、どのように話しますか。

A 요코 씨, 오늘 수업 후에 뭐 할 거예요?

B 동대문 시장에 가려고 해요. 수진 씨는요?

A 저는 도서관에서 공부하려고 해요.

문법

V + (으)려고 하다

'-(으)려고 하다'はある行為をする意向があることを表す表現だ。

子音 + 으려고 하다 예 먹으려고 하다, 읽으려고 하다

母音, ㄹ + 려고 하다 예 가려고 하다, 살려고 하다

연습

다음 사람들의 계획과 그 계획을 위해서 준비하고 있는 것을 말해 보세요.
次の人たちの計画とその計画のために準備していることを話してみましょう。

	이름	계획	준비
보기	마이클	차를 사다	저축하다
①	요코	살을 빼다	운동하다
②	수진	여행사에 취직하다	외국어를 공부하다
③	미셸	콘서트를 하다	노래 연습을 하다
④	나타샤	운전면허증을 따다	운전 학원에 다니다
⑤	티엔	대학교에 입학하다	열심히 공부하다
⑥	왕카이	유럽 여행을 하다	유럽 역사를 공부하다

A 마이클 씨는 올해 어떤 계획이 있어요?

B 저는 차를 사려고 해요. 그래서 요즘 열심히 저축하고 있어요.

- 올해 **今年**
- 열심히 **一生懸命**
- 저축하다 **貯蓄する**
- 살을 빼다 **ダイエットする、痩せる**
- 콘서트 **コンサート**
- 유럽 **ヨーロッパ**

02 -(으)십시오

다른 사람에게 무엇을 정중하게 알려 줄 때는 어떻게 말할까요?
他の人に何かを丁寧に教えるときは、どのように話したらいいですか。

A 지하철역에 어떻게 갑니까?

B 똑바로 가십시오. 그리고 사거리에서 오른쪽으로 가십시오.

문법

V + (으)십시오

'–(으)십시오'は目上の人や丁寧に応対すべき相手に、ある行為をすることを丁寧に命令したり勧める表現だ。相手にある行為をしてはいけないと丁寧に話すときは '–지 마십시오'を使用する。

子音 + 으십시오　예 읽으십시오, 앉으십시오
母音, ㄹ + 십시오　예 가십시오, 만드십시오

연습

다음 표지를 보고 맞는 것을 찾아 말해 보세요.
次の標識を見て合っているものを言ってみましょう。

· 조용히 하다　· 안전벨트를 매다　· 주차하다　· 담배를 피우다
· 쓰레기를 버리다　· 음식물을 먹다　· 손을 대다

- 사거리 **4つ角**
- 안전벨트를 매다 **安全ベルトをする**
- 조용히 하다 **静かにする**
- 주차하다 **駐車する**
- 담배를 피우다 **たばこを吸う**
- 쓰레기 **ごみ**
- 버리다 **捨てる**
- 음식물 **食べ物**
- 손을 대다 **手を当てる**

보기 
안전벨트를 매십시오.

① 

② 

③ 

④ 

⑤ 

⑥ 

Part 2

말해 봅시다

길 묻기 道を尋ねる

우체국에 가려고 합니다. 어떻게 가는지 경찰관에게 물어보세요.
郵便局に行こうと思います。どうやって行ったらよいのか警察官に尋ねてみましょう。

Try it!

말풍선을 따라 대화를 구성해 보세요.
吹出しにしたがって対話を完成してみましょう。

마이클
郵便局に行く道を尋ねます。

경찰관
郵便局に行く道を教えます。

1. 길 묻기

실례하다
길 좀 묻다
근처 | 우체국 | 있다?

네, 사거리 오른쪽 | 있다

2. 가는 방법 묻고 말하기

여기 | 어떻게 가다?

똑바로 200m 가다
그러면 주유소 | 있다
주유소 | 오른쪽 | 가다
사거리 | 나오다

3. 정보 확인하기

사거리 | 우체국 | 있다?

사거리 | 횡단보도 | 건너다
바로 우체국 | 있다

4. 인사하기

감사하다

별말씀을요

대화

39

마이클	저, 실례합니다. 길 좀 묻겠습니다. 근처에 우체국이 있습니까?
경찰관	네. 사거리 오른쪽에 있습니다.
마이클	여기에서 어떻게 갑니까?
경찰관	똑바로 200m쯤 가십시오. 그러면 주유소가 있습니다. 주유소에서 오른쪽으로 가십시오. 사거리가 나올 겁니다.
마이클	그 사거리에 우체국이 있습니까?
경찰관	사거리에서 횡단보도를 건너세요. 그러면 바로 우체국이 있습니다.
마이클	정말 감사합니다.
경찰관	별말씀을요.

표현

■ 길 묻기 道を尋ねる

저, 실례합니다. 길 좀 묻겠습니다.
저, 죄송하지만 길 좀 가르쳐 주세요.
여기에서 어떻게 갑니까?

■ 감사 표현하기 感謝の表現をする

A : 정말 감사합니다. / 도와주셔서 정말 감사합니다.
B : 별말씀을요.

확장

앞 그림을 보고 꽃집, 은행, 버스정류장에 어떻게 가는지 대화를 해 보세요.
先の絵を見て、花屋、銀行、バス停留所にどう行ったらいいか話してみましょう。

주유소 ガソリンスタンド

Part 3

들어 봅시다

기차표 예매하는 대화 듣기 汽車の乗車券を予約・購入する対話を聞く

01 이 사람들은 어디에서 무엇을 하고 있는지 함께 이야기해 보세요.
この人たちはどこで何をしているのか、一緒に話してみましょう。

02 기차역에서 기차표를 예매하는 대화입니다. 잘 듣고 물음에 답하세요. 40
駅で汽車の乗車券を予約し、購入する対話です。よく聞いて質問に答えましょう。

(1) 이 사람이 예매한 기차표로 맞는 것을 고르세요.

①	②	③	④
서울 → 부산	서울 → 부산	서울 → 부산	서울 → 부산
출발시간 : 10:10	출발시간 : 10:50	출발시간 : 10:10	출발시간 : 10:50
도착시간 : 12:50	도착시간 : 13:40	도착시간 : 12:50	도착시간 : 13:40
금액 : 52,200원	금액 : 52,200원	금액 : 51,200원	금액 : 51,200원

(2) 다음 중 맞는 것을 고르세요.

① 요코 씨는 기차표를 한 장 샀습니다.

② 요코 씨는 새마을호를 예매했습니다.

③ 요코 씨는 다음 주에 부산에 갑니다.

④ 토요일 오후 기차표는 매진입니다.

- 금액 **金額**
- 매진이다 **売り切れる**
- 새마을호 **セマウル号**

읽고 써 봅시다

관광 코스 소개의 글 읽고 쓰기 観光コースの紹介する文章を読んで書く

01 다음은 서울의 관광지 중 하나입니다. 어디인지, 무엇이 있는지 지도를 보고 이야기해 보세요. 次の地図はソウルの観光地の一つです。どこなのか何があるのか、地図を見て話してみましょう。

02 서울의 관광 코스를 소개하는 글입니다. 다음을 읽고 물음에 답하세요. 41
ソウルの観光コースを紹介する文章です。次の文章を読んで質問に答えましょう。

> 경복궁에서 청와대까지의 관광 코스
>
> 여러분은 경복궁에서 청와대까지의 관광 코스를 알고 있습니까? 이곳은 걸어서 관광할 수 있습니다. 먼저 지하철 3호선을 타십시오. 그리고 경복궁역에서 내린 다음에 5번 출구로 나오십시오. 그러면 경복궁이 있습니다. 경복궁에서 옛 궁궐과 박물관을 구경하십시오. 경복궁을 관람한 후에는 삼청동 길을 걸으십시오. 삼청동은 맛집과 카페, 한국의 전통 한옥이 많습니다. 또 옷집, 신발 가게가 많아서 사람들이 쇼핑하러 많이 갑니다. 삼청동에서 식사를 한 다음에 근처를 구경하십시오. 그리고 청와대 쪽으로 가십시오. 청와대에는 한국의 대통령이 살고 있습니다. 청와대를 구경하고 싶으십니까? 그러면 청와대 홈페이지에서 미리 예약하십시오.
>
> 경복궁에서 청와대까지의 여행, 어떻습니까? 여러분도 한번 가 보십시오.

(1) 이 글에서 소개하는 관광 코스를 순서대로 쓰세요.

(2) 맞는 것에 ✓표 하세요.

① 삼청동에는 식당이 많습니다. 네 ______ 아니요 ______

② 한국의 대통령은 경복궁에서 삽니다. 네 ______ 아니요 ______

③ 경복궁에서 청와대까지 걸어서 관광합니다. 네 ______ 아니요 ______

출구 出口
옛 昔の
궁궐 宮闕, 宮
삼청동 三清洞
맛집 食いどころ
한옥 韓屋
청와대 青瓦臺(大統領官邸)
대통령 大統領
홈페이지 ホームページ
미리 あらかじめ
예약하다 予約する

03 여러분이 알고 있는 좋은 관광 코스를 소개하는 글을 써 보세요.
皆さんが知っている、よい観光コースを紹介する文章を書いてみましょう。

문화 알아보기

ソウルの大衆交通 **서울의 대중교통**

서울은 정치, 경제, 문화, 교육, 교통 등 생활의 중심지로 지하철, 버스, 택시 등 대중교통이 잘 발달되어 있습니다. 사람들이 많이 이용하는 대중교통 중의 하나인 지하철은 9호선까지 있습니다. 그리고 서울의 여러 곳으로 잘 연결되어 있어서 원하는 곳까지 쉽게 갈 수 있습니다. 버스도 중요한 대중교통 수단인데, 특히 서울에는 버스중앙차로가 있어 길이 막히는 출퇴근 시간에도 빨리 갈 수 있습니다. 또한 지하철과 버스는 서로 환승이 되기 때문에 요금도 쌉니다. 급한 일이 있거나 빨리 움직여야 할 때는 택시도 좋습니다. 서울에는 택시도 많아서 어디서든지 쉽게 택시를 잡을 수 있고 요금도 비싸지 않습니다.

ソウルは政治、経済、文化、教育、交通など生活の中心地で地下鉄、バス、タクシーなど大衆交通が発達しています。人々が多く利用する大衆交通の一つである地下鉄は9号線まであり、ソウルの様々な場所とつながっていて、行きたい場所まで楽に行くことができます。バスも重要な大衆交通手段で、特にソウルにはバス専用レーンがあり、渋滞するラッシュアワーのときにも速く行くことができます。また、地下鉄とバスは互いに乗り換えができる(料金の加算無く:距離によって加算)ので料金も安いです。急用ができたり、速く移動しなければならないときはタクシーも便利です。ソウルにはタクシーもとても多いので、どこでも楽にタクシーを拾うことができるし、料金も高くはありません。

01 서울에서 볼 수 있는 대중교통들의 장점은 각각 무엇입니까?
ソウルの大衆交通機関の長所はそれぞれ何でしょうか。

02 여러분 나라의 대중교통에는 무엇이 있는지, 어떤 특징이 있는지 소개해 보세요.
皆さんの国にはどんな大衆交通がありますか。それぞれの特徴を紹介してみましょう。

문학 맛보기

民謠 아리랑

01 여러분은 이별할 때 떠나가는 님을 어떤 마음으로 보내줬습니까? 친구들과 이야기해 보세요.
皆さんは別れるとき、去っていく恋人をどんな気持ちで送りましたか。話してみましょう。

02 떠나가려고 하는 연인에게 어떤 말을 하는지 한국의 대표적인 민요 「아리랑」을 낭송하면서 감상하세요. 去っていく恋人にどのような言葉をかけるでしょうか。韓国の代表的な民謡「아리랑(アリラン)」を朗読しながら鑑賞しましょう。 42

아리랑

작자 미상

아리랑 아리랑 아라리요 아리랑 고개로 넘어간다
나를 버리고 가시는 님은 십 리도 못 가서 발병난다

Tip 아리랑: アリランは韓国を代表する口誦民謡で、古代から少しずつ書き加えられ変化しながら歌い継がれている。韓国人の心情を最もよく表している歌のひとつであるアリランは、その旋律も歌詞も様々だ。韓国人に最も親しまれながら愛されてきた京畿アリランの他にも、江原道地域の'旌善アリラン'、湖南地域の'珍島アリラン'、慶尚南道地域の'密陽アリラン'などがある。

03 아리랑은 한국의 대표적인 노래이면서, 한국의 대표적인 정서입니다. 친구들과 불러 보세요.
アリランは韓国の代表的な歌であり、韓国の代表的な情緒を表しています。友だちと歌ってみましょう。

아리랑

경기 민요

넘어가다 **越える**　님 **恋人、いとしい人**　십 리 **十里**　발병나다 **足が痛む**

제12과

날씨

天気

제 12 과 날씨 天気

Part 1

준비합시다 — 1 -고 2 (이)나 3 -(으)면

말해 봅시다 — 날씨 고려하여 주말 계획 세우기
天気を考慮して週末の計画を立てる

Part 2

준비합시다 — 1 -(으)ㄴ/는 2 -겠-

말해 봅시다 — 여행할 도시의 날씨 정보 얻기
旅行する都市のお天気情報を得る

Part 3

들어 봅시다 — 일기 예보 듣기
天気予報を聞く

읽고 써 봅시다 — 이메일 읽고 쓰기
Eメールを読んで書く

CULTURE & LITERATURE

문화 알아보기 — 한국의 여름 韓国の夏

문학 맛보기 — 전래동화 伝承童話「청개구리」

Part 1

준비합시다

01 –고

한국 여름 날씨의 여러 특징을 나열할 때 어떻게 말할까요?
韓国の夏の天気の様々な特徴を羅列するとき、どのように話したらいいですか。

43

A 한국의 여름 날씨는 어때요?

B 덥고 비가 자주 와요.

문법

A/V + 고

'–고'は２つ以上の行為や状態を、時間の順序と関係なくつなぐ語尾である。

맑다 + 따뜻하다 → 맑고 따뜻하다　　비가 오다 + 춥다 → 비가 오고 춥다

연습

다음은 세계 여러 도시의 내일 날씨입니다. 각 도시의 내일 날씨와 기온을 말해 보세요.
次の内容は世界の様々な都市の明日の天気です。各々の都市の明日の天気と気温を話してみましょう。

보기	런던		- 2℃	①	베이징		- 5℃
②	뉴욕		3℃	③	방콕		25℃
④	LA		7℃	⑤	시드니		17℃
⑥	토론토		- 8℃	⑦	모스크바		- 16℃
⑧	파리		- 1℃	⑨	도쿄		- 1℃
⑩	상파울루		17℃	⑪	카이로		12℃

A 내일 런던의 날씨는 어때요?

B 내일 런던은 흐리고 기온이 영하 2도(℃)쯤 될 거예요.

- 여름 夏
- 비가 오다 雨が降る
- 기온 気温
- 영하 零下
- 도(℃) 度

어휘

계절 季節

봄

여름

가을

겨울

날씨 天気

눈이 오다

눈이 그치다

비가 오다

비가 그치다

맑다

흐리다

바람이 불다

안개가 끼다

따뜻하다

덥다

쌀쌀하다

춥다

Part 1

준비합시다

02 (이)나

45

자주 먹는 몇 가지 음식을 나열해서 이야기할 때 어떻게 말할까요?
よく食べるいくつかの食べ物を羅列するとき、どのように話したらいいでしょうか。

A 점심에 보통 뭘 먹어요?

B 비빔밥이나 김치찌개를 먹어요.

문법

N + (이)나 + N

'(이)나'は2つ以上の項目を羅列したり、その中の一つを選択することを表す助詞だ。

子音 + 이나 예 비빔밥이나 김밥
母音 + 나 예 김치찌개나 된장찌개

연습

다음을 보고 각 계절의 활동과 여행지에 대해서 말해 보세요.
次の表を見て各々の季節の活動や旅行先について話してみましょう。

	계절	여행지	활동
보기	봄	제주도 / 진해	꽃구경을 하다
①	여름	강릉 / 부산	바닷가에서 수영하다
②	가을	설악산 / 속리산	단풍놀이를 하다
③	겨울	무주 / 용평	스키를 타다

A 봄에 한국 사람들은 주로 뭘 해요?
B 꽃구경을 하러 가요.
A 어디에 많이 가요?
B 제주도나 진해에 많이 가요.

- 진해 **鎭海**
- 꽃구경을 하다 **花見をする**
- 강릉 **江陵**
- 속리산 **俗離山**
- 단풍놀이를 하다 **紅葉狩りをする**
- 무주 **茂朱**
- 용평 **龍平**
- 스키를 타다 **スキーをする**

03 –(으)면

어떤 계획을 실행하기 위한 조건을 어떻게 말할까요?
ある計画を実行するための条件を、どのように話したらいいでしょうか。

A 마이클 씨, 내일 등산을 갈 거예요?

B 네, 날씨가 좋으면 등산을 갈 거예요. 그렇지만 비가 오면 집에서 쉴 거예요.

문법

A/V + (으)면

'–(으)면'は後に続く内容についての条件や仮定を表す語尾だ。

子音 + 으면 　예 맑으면, 좋으면

母音, ㄹ + 면 　예 흐리면, 살면

연습

다음 상황을 가정해서 계획을 말해 보세요.
次のような状況を仮定して、計画を話してみましょう。

주말 계획	보기	친구가 전화하다 ⇨ 친구와 영화를 보다 친구가 전화 안 하다 ⇨ 집에서 텔레비전을 보다	①	날씨가 덥다 ⇨ 수영하러 가다 비가 오다 ⇨ 볼링을 치러 가다
휴가 계획	②	비행기 표가 있다 ⇨ 고향에 가다 비행기 표가 없다 ⇨ 집에서 쉬다	③	휴가가 길다 ⇨ 유럽 여행을 하다 휴가가 짧다 ⇨ 국내 여행을 하다
졸업 후 계획	④	남자 친구가 청혼하다 ⇨ 결혼하다 남자 친구가 청혼 안 하다 ⇨ 유학을 가다	⑤	돈이 있다 ⇨ 사업을 시작하다 돈이 없다 ⇨ 취직하다

A 주말에 뭐 할 거예요?

B 친구가 전화하면 친구와 같이 영화를 볼 거예요.
그렇지만 친구가 전화를 안 하면 집에서 텔레비전을 볼 거예요.

- 등산을 가다 **登山に行く**
- 볼링을 치다 **ボーリングをする**
- 유럽 여행 **ヨーロッパ旅行**
- 국내 여행 **国内旅行**
- 청혼하다 **プロポーズする**
- 유학을 가다 **留学をする**
- 사업 **事業**

Part 1

말해 봅시다

날씨 고려하여 주말 계획 세우기 天気を考慮して週末の計画を立てる

친구와 주말 날씨를 고려하여 주말 계획을 세워 보세요.
友だちと週末の天気を考えて、週末の計画を立ててみましょう。

Try it!

말풍선을 따라 대화를 구성해 보세요.
吹出しにしたがって対話を完成してみましょう。

마이클
週末の計画を提案して計画を立てる。

요코
友だちの提案を聞いて週末の計画を立てる。

1. 주말 계획 묻기

주말 | 시간 있다?

네
왜?

2. 주말 계획 제안하기

날씨 | 좋다 → 산 | 가다
같이 가다

좋다
눈이 오다 + 춥다 → 어떻게 하다?

3. 날씨에 따라 계획 세우기

눈이 오다 →
스키 | 보드 | 타러 가다

저 | 스키 | 못 타다
잘 타다 → 가르쳐 주다

4. 약속하기

좋다
스키 | 타다 + 사진 | 찍다

금요일 | 전화하다

대화

마이클 요코 씨, 이번 주말에 시간 있어요?

요코 네, 시간 있어요. 왜요?

마이클 주말에 날씨가 좋으면 산에 가려고 해요. 같이 갑시다.

요코 네, 좋아요. 그런데 주말에 눈이 오고 추우면 어떻게 해요?

마이클 눈이 오면 스키나 보드를 타러 가요.

요코 그런데 저는 스키를 못 타요.
마이클 씨가 스키를 잘 타면 가르쳐 주세요.

마이클 좋아요. 같이 스키도 타고 사진도 찍어요.

요코 네. 그럼 금요일에 전화하세요.

47

표현

■ 부탁하기 頼む

스키를 잘 타면 가르쳐 주세요.
전화번호를 알면 말해 주세요.

확장

날씨를 고려하여 여름 휴가 계획을 세우는 대화를 해 보세요.
天気を考えて夏期休暇の計画を立てる対話をしてみましょう。

스키를 잘 타다 (スキーが) 上手だ　스키를 못 타다 (スキーが) できない、下手だ　가르쳐 주다 教えてあげる

Part 2

준비합시다

01 -(으)ㄴ/는

48

어떤 사람을 좋아하는지 설명할 때 어떻게 말할까요?
どんな人が好みか説明するとき、どのように話したらいいでしょうか。

A 요코 씨는 어떤 사람을 좋아해요?

B 키가 큰 사람을 좋아해요. 그리고 친절한 사람을 좋아해요.

문법

A + (으)ㄴ/는 + N

'-(으)ㄴ/는'は形容詞について名詞を修飾し、その名詞の現在の状態を表す。

子音 + 은 예 작은, 많은, 높은　　母音, ㄹ + ㄴ 예 큰, 긴

있다, 없다 + 는 예 있는, 없는, 재미있는

연습

다음을 보고 좋아하는 것에 대해 묻고 대답해 보세요.
次の表を見て、好きなものについて質問して答えてみましょう。

		사람	음식	자동차	하숙집
보기	티엔	마음이 따뜻하다	맵다	멋있다	조용하다
①	안드레아	똑똑하다	싱겁다	크다	가깝다
②	진차오	예쁘고 착하다	짜다	안전하다	넓다
③	수잔	재미있다	달다	작고 싸다	깨끗하다

A 티엔 씨, 어떤 사람을 좋아해요?

B 저는 마음이 따뜻한 사람을 좋아해요.

- 마음이 따뜻하다 心が温かい
- 조용하다 静かだ
- 똑똑하다 はっきりしている、賢い
- 착하다 善良だ、優しい
- 안전하다 安全だ
- 넓다 広い
- 깨끗하다 きれいだ

02 –겠–

49

어떤 상황을 근거로 추측해서 이야기할 때 어떻게 말할까요?
ある状況を根拠にして推測するとき、どのように話したらいいでしょうか。

A 마이클 씨, 제가 케이크를 만들었어요. 같이 먹어요.

B 그래요? 정말 맛있겠어요.

문법

A/V + 겠

'–겠–'は話す当時の状況や状態を根拠にし、推測して話すときに使う語尾である。

흐리 + 겠어요 → 흐리겠어요　　춥 + 겠습니다 → 춥겠습니다

연습

다음 상황에서 친구의 상태를 추측해서 말해 보세요.
次のような状況で友だちの状態を推測して話してみましょう。

	상황	추측
보기	어젯밤에 더워서 잠을 못 잤다	피곤하다 / 졸리다
①	아버지가 편찮으시다	걱정되다 / 마음이 아프다
②	어제 등산을 갔다	피곤하다 / 다리가 아프다
③	다음 주에 시험을 볼 거다	걱정되다 / 스트레스를 받다
④	한국 회사에 취직했다	기쁘다 / 기분이 좋다 / 행복하다
⑤	어제 친구를 2시간 동안 기다렸다	화가 났다 / 기분이 나빴다

A 어젯밤에 너무 더워서 잠을 못 잤어요.

B 그럼 피곤하겠어요. 오늘은 집에 일찍 가세요.

- 졸리다 **眠い**
- 편찮다 **具合いがよくない**
- 걱정되다 **心配になる**
- 마음 **心**
- 다리 **脚**
- 스트레스를 받다 **ストレスを受ける**
- 기쁘다 **嬉しい**
- 화가 나다 **腹が立つ**
- 기분이 나쁘다 **気分が悪い(「不快」の意味)**

Part 2

말해 봅시다

여행할 도시의 날씨 정보 얻기 旅行する都市のお天気情報を得る

호주 시드니로 여행을 가려고 합니다. 시드니에서 온 친구에게 시드니의 여름 날씨에 대한 정보를 얻으세요.
オーストラリアのシドニーに旅行します。シドニーから来た友だちに、シドニーの夏の天気について尋ねてみましょう。

Try it!

말풍선을 따라 대화를 구성해 보세요.
吹出しにしたがって対話を完成してみましょう。

수진
シドニーに旅行に行こうと思っています。シドニーについて尋ねてみます。

크리스
シドニーから来ました。シドニーの天気について教えます。

1. 여행 계획 말하기

- 크리스마스 | 시드니 | 여행 | 가다
- 좋다!

2. 날씨 정보 구하기

- 12월 | 시드니 날씨 | 어떻다?
- 12월~2월 여름
  기온 | 25~30℃ 되다
  습도 낮다 → 서울보다 덥지×

3. 옷 조언 구하기

- 어떤 옷 | 준비하다?
- 시원하다 | 옷 | 준비하다
  밤 | 쌀쌀하다
  길다 | 바지 + 얇다 | 카디건 | 준비하다

4. 준비물 조언 구하기

- 또 필요한 것 | 있다?
- 낮 | 해 | 뜨겁다
  선크림 | 준비하다
  선글라스 + 모자 | 준비하다

대화

수진 제가 크리스마스에 시드니에 여행을 가려고 해요.
크리스 그래요? 정말 좋겠어요.
수진 그런데 12월에 시드니 날씨는 어때요?
크리스 시드니는 12월부터 2월까지 여름이에요.
기온이 보통 25℃에서 30℃쯤 돼요. 그렇지만 시드니는 습도가 낮아서 서울의 여름보다 덥지 않아요.
수진 그래요? 그럼 어떤 옷을 준비하는 게 좋아요?
크리스 시원한 옷을 준비하세요. 그렇지만 밤에는 조금 쌀쌀해요.
긴 바지와 얇은 카디건도 준비하세요.
수진 또 필요한 게 있어요?
크리스 네. 낮에는 해가 뜨거워요. 선크림을 꼭 준비하세요.
그리고 선글라스와 모자도 준비하는 게 좋아요.

50

발음 濃音化 ③

パッチムの発音 [ㄱ]、[ㄷ]、[ㅂ] の後に'ㄱ'、'ㄷ'、'ㅂ'、'ㅅ'、'ㅈ'がくるとき、[ㄲ]、[ㄸ]、[ㅃ]、[ㅆ]、[ㅉ]と発音する。

덥지 않아요 [덥찌아나요]　　덥겠어요 [덥께써요]

표현

■ 여행 준비물 조언 구하기 旅行のとき準備する物をアドバイスしてもらう

뭘 준비할까요?
뭐가 필요해요?
또 필요한 게 있어요?
어떤 옷을 준비하는 게 좋아요?

확장

방학 동안 반 친구의 고향에 놀러 가려고 합니다. 그 친구에게 날씨와 준비해야 할 것에 대해 물어보세요. 夏休み(冬休み)の間、クラスメートの故郷に遊びに行こうと思います。その友だちに天気と準備しなければならない物について尋ねてください。

· 습도가 높다 **湿度が高い** · 시원하다 **涼しい** · 얇다 **薄い** · 카디건 **カーディガン** · 해 **太陽、日** · 뜨겁다 **熱い、暑い**
· 선크림 **サンクリーム** · 선글라스 **サングラス**

Part 3 들어 봅시다

일기 예보 듣기 天気予報を聞く

01 여러분은 날씨가 궁금할 때 어디에서 정보를 얻습니까? 다음을 보고 내일의 날씨를 이야기해 보세요.
皆さんは天気が気になるとき、どこから情報を得ますか。次の絵を見て明日の天気を話してみましょう。

02 일기 예보입니다. 잘 듣고 물음에 답하세요. 51
天気予報です。よく聞いて質問に答えましょう。

(1) 내일 각 지역의 날씨와 낮 기온을 연결하세요.

① 서울 •	• ㉠  •	• ⓐ 19℃
② 부산 •	• ㉡  •	• ⓑ 23℃
③ 제주도 •	• ㉢  •	• ⓒ 24℃

(2) 내일 서울에 있는 사람들은 어떤 옷을 입으면 좋습니까?

① 

② 

③ 

표현

■ 날씨 예보하기 天気予報をしてみる

내일의 날씨를 말씀드리겠습니다.
내일은 비가 오겠습니다.
비가 온 후 맑겠습니다.
내일은 흐리고 바람이 불겠습니다.
아침 최저 기온은 −8℃(영하 팔 도)로 춥겠습니다.
내일 아침 기온은 14℃~16℃(십사 도에서 십육 도)로 오늘보다 낮겠습니다.

· 지역 **地域**
· 최저 기온 **最低気温**

읽고 써 봅시다

이메일 읽고 쓰기 Eメールを読んで書く

01 다음은 누가 누구에게 쓴 편지입니까? 뒤에 어떤 내용이 있을지 추측해 보세요.
次のメールは誰が誰に書いたものですか。その後にどんな内容の文章があるのか推測してみましょう。

보낸 사람	"마사코"〈masako78@yahoo.co.kr〉	받는 사람	"김수진"〈Kimsj36@hanmail.net〉
제목	안녕하세요? 마사코예요.	보낸 날짜	2011/07/15 19:25:11

수진 씨에게

안녕하세요? 잘 지내요? 저는 이번에 장학금을 받았어요. 그래서 수진 씨 학교에서 6개월 동안 공부하려고 해요. 다음 달에 서울에 갈 거예요. ……

02 친구에게 보내는 이메일입니다. 다음을 읽고 물음에 답하세요. 52
友達に送るEメール文です。読んで質問に答えましょう。

보낸 사람	"김수진"〈Kimsj36@hanmail.net〉	받는 사람	"마사코"〈masako78@yahoo.co.kr〉
제목	마사코 씨, 반가워요.	보낸 날짜	2011/07/16 23:00:21

마사코 씨에게

안녕하세요? 저는 잘 지내고 있어요. 마사코 씨, 장학금을 받았어요? 정말 좋겠어요. 축하해요. 다음 달 언제 한국에 올 거예요? 비행기 표를 예약하면 저에게 알려 주세요. 제가 공항에 마중 나갈게요. 서울은 다음 달까지 더울 거예요. 그렇지만 9월부터는 덥지 않아요. 그러니까 여름옷을 조금만 가져오세요. 겨울에 서울은 오키나와보다 많이 추워요. 12월부터 2월까지는 기온도 낮고 눈도 자주 와요. 그러니까 두꺼운 겨울옷을 많이 준비하세요. 그리고 학교 근처에 좋은 하숙집이나 원룸들이 많아요. 제가 비싸지 않고 깨끗한 곳을 찾아볼게요. 하숙집이나 원룸에는 컴퓨터가 없어요. 노트북이 있으면 가져오세요.

마사코 씨, 또 궁금한 것이 있으면 메일을 보내세요. 수진 드림

(1) 마사코 씨는 왜 한국에 옵니까?

(2) 맞는 것에 ✓표 하세요.

① 마사코 씨는 기숙사에 살 겁니다. 네 _____ 아니요 _____

② 마사코 씨는 장학금을 받았습니다. 네 _____ 아니요 _____

③ 마사코 씨는 8월에 한국에 올 겁니다. 네 _____ 아니요 _____

- 잘 지내다 元気だ
- 장학금 奨学金
- 축하하다 祝う
- 마중 나가다 迎えに行く
- 가져오다 持ってくる、もたらす
- 오키나와 沖縄
- 곳 所、場所
- 원룸 ワンルーム
- 노트북 ノートパソコン
- 궁금하다 気になる、気がかりだ
- 드림 より、拝

03 친구가 여러분 나라에서 유학하려고 합니다. 날씨나 준비해야 할 것, 여러분이 도와줄 수 있는 일 등에 대해 알려 주는 이메일을 쓰세요. 友だちが皆さんの国に留学しようと思っています。天気や準備しなければならない物、皆さんが手伝えることなどについて知らせるメールを書いてみましょう。

문화 알아보기

韓国の夏 한국의 여름

한국은 6월부터 8월까지 여름입니다. 한국의 여름은 매우 덥고 습도가 높습니다. 특히 6월 중순부터 7월 하순까지 비가 많이 오는데 이 기간을 장마철이라고 합니다. 이 기간이 지나면 한낮의 최고 기온이 30℃를 넘을 때가 많습니다. 밤에는 열대야가 며칠 동안 계속되기도 합니다. 그래서 사람들은 더위를 피해 시원한 바닷가나 계곡에 갑니다.

그리고 한국 사람들은 여름의 더위를 이기기 위해 특별한 음식을 먹기도 합니다. 여름 중 가장 덥다고 하는 복날에 삼계탕을 먹는데 이 삼계탕은 한국 사람들이 즐겨 먹는 여름 건강 음식입니다. 한국 사람들은 복날에 삼계탕을 먹으면 더위를 이기고 건강을 지킬 수 있다고 생각합니다.

韓国は6月から8月までが夏だと言われます。韓国の夏はとても暑く湿度が高いです。特に6月中旬から7月下旬までは雨が多く降るので、この期間をチャンマチョル(梅雨)と言います。この期間が過ぎると真昼の最高気温は30℃を上回ることが多くなり、夜は熱帯夜が何日も続くことがあります。それで、人々は暑さを避け涼しい海岸や渓谷に行きます。

そして、韓国人は夏を凌ぐために特別な食べ物を食べます。夏の中で最も暑いといわれるポンナルにはサムゲタン(蔘鶏湯)を食べますが、このサムゲタンは韓国人がよく食べる夏の健康食品です。韓国人はポンナルにサムゲタンを食べると、暑さを凌ぎ健康が維持できると思っています。

01 한국 사람들은 더위를 이기기 위해서 무엇을 합니까?
韓国人は暑さを凌ぐために何をしますか。

02 여러분 나라에 사계절이 있습니까? 각 계절의 날씨와 그 계절에 특별히 먹는 음식에 대해 이야기해 보세요. 皆さんの国には四季がありますか。それぞれの季節の天候とその季節に特によく食べる物について話してみましょう。

01 다음의 그림들을 보면 어떤 날씨가 생각이 납니까? 친구들과 이야기해 보세요.
次の絵を見てどんな天気が思い浮かびますか。友だちと話してみましょう。

02 개구리가 비가 오기 전에 많이 우는 이유를 한국의 전래동화「청개구리」를 읽고 생각해 보세요. 53
蛙が雨の降る前によく鳴く理由を、韓国の伝承童話「**청개구리(青蛙)**」を読んで考えてみましょう。

청개구리

옛날에 엄마 청개구리와 아이 청개구리가 살았습니다. 아이 청개구리는 엄마의 말에 항상 반대로 했습니다.

엄마가 "산에서 놀아."라고 말하면 아이 청개구리는 강에서 놀았습니다. "개굴 개굴"이라고 말하면 "굴개 굴개"라고 말했습니다. 엄마 청개구리는 많이 아팠습니다. 엄마 청개구리는 산에 묻히고 싶었습니다. 그래서 "엄마가 죽으면 강에 묻어 줘."라고 말했습니다. 그리고 엄마 청개구리는 죽었습니다. 아이 청개구리는 엄마가 죽은 후에 엄마 말대로 강에 묻었습니다. 그래서 아이 청개구리는 비가 오면 강에 있는 엄마 묘를 걱정해서 지금도 웁니다.

03 여러분 나라의 계절, 날씨와 관련 있는 이야기를 친구들과 함께 이야기해 보세요.
皆さんの国の季節、天気と関連した物語を友だちと一緒に話してみましょう。

청개구리 **青蛙**　반대로 **反対に**　묻히다 **埋められる**　묻다 **埋める**　죽다 **死ぬ**　말대로 **言う通り**　묘 **墓**

제13과

전화

電話

제 13 과 전화 電話

Part 1

준비합시다 — **1** –지요 **2** –아/어 주다

말해 봅시다 — 전화로 메모 남기기
電話で伝言メモを頼む

Part 2

준비합시다 — **1** 에게서, 한테서 **2** –(으)ㄹ게요 **3** 요

말해 봅시다 — 전화로 모임에 대한 정보 주기
電話で集まりの情報を伝える

Part 3

들어 봅시다 — 전화로 예약하는 대화 듣기
電話で予約する対話を聞く

읽고 써 봅시다 — 송별회 계획에 대한 글 읽고 쓰기
送別会の計画についての文章を読んで書く

CULTURE & LITERATURE

문화 알아보기 — 한국 생활에 유용한 전화번호 韓国生活に役立つ電話番号

문학 맛보기 — 시 詩「통화」

Part 1

준비합시다

01 –지요

54

알고 있는 것을 다시 확인하고 싶을 때 어떻게 물을까요?
知っていることを再確認したいとき、どのように聞いたらいいでしょうか。

A 여보세요, 거기 대한 여행사지요?

B 네, 그렇습니다.

문법

A/V + 지요

'–지요'は話者が既に知っていることを確認するように尋ねるときに使用する表現だ。

하 + 지요 → 하지요　　많 + 지요 → 많지요

연습

한국에 대해서 여러분이 알고 있는 것이 맞는지 확인해 보세요.
韓国について皆さんが知っていることが正しいか確認してみましょう。

A 세종대왕이 한글을 만들었지요?

B 네, 세종대왕이 만들었어요.

- 인천공항 仁川空港
- 한복 韓服、チマチョゴリ

02 –아/어 주다

55

다른 사람을 위해서 어떤 일을 할 때 어떻게 말할까요?
誰かのために何かをしてあげるとき、どのように話したらいいでしょうか。

마이클은 아파서 병원에 있습니다. 그래서 제임스는 마이클을 위해서 전화를 받아 주었습니다. 그리고 미셸은 텔레비전을 켜 주었습니다. 창호는 책을 읽어 주었습니다.

문법

V + 아/어 주다

'–아/어 주다'は誰かのために、ある行為をするときに使う表現だ。

닫 + 아 주다 → 닫아 주다　　읽 + 어 주다 → 읽어 주다

연습

다음을 사용하여 다른 사람에게 부탁해 보세요.
次のことを人に頼んでみましょう。

사진을 찍다 · 창문을 닫다 · 사전을 빌리다 · 짐을 들다 · 책을 찾다

보기

A 수진 씨, 사진 좀 찍어 주세요.

B 네. 사진기 주세요.

①

②

③

④

전화를 받다 **電話を受ける**
(TV를) 켜다
(テレビを) つける
짐을 들다 **荷物を持つ**

Part 1

말해 봅시다

전화로 메모 남기기 電話で伝言メモを頼む

동창 모임이 취소되어서 친구에게 알려 주려고 합니다. 친구의 회사에 전화를 걸어서 메모를 남기세요. 同窓会がキャンセルになったので友だちに知らせようと思います。友だちの会社に電話して伝言メモを頼んでください。

Try it!

말풍선을 따라 대화를 구성해 보세요.
吹出しにしたがって対話を完成してみましょう。

이소라 リチャードに電話をかけて伝言を頼みます。

마이클 同僚のリチャードにかかってきた電話を受けてメモをします。

1. 전화 걸기

- 국민회사
- 여보세요? 거기 국민회사 인사과? 리처드 스미스 씨 | 바꾸다?

2. 메모 부탁하기

- 자리 | 안 계시다 회의 중
- 메모 | 전하다

3. 메모 내용 말하기

- 네, 말씀하세요
- 저 | 마이클 내일 동창 모임 | 취소됐다 저 | 저녁 | 다시 전화하겠다

4. 인사하기

- 네, 메모 전해 주다
- 감사하다 안녕히 계세요

대화

이소라 국민회사입니다.
마이클 여보세요? 거기 국민회사 인사과지요?
리처드 스미스 씨 좀 바꿔 주시겠어요?
이소라 지금 자리에 안 계신데요. 회의 중이에요.
마이클 그래요? 그러면 메모 좀 전해 주세요.
이소라 네, 말씀하세요.
마이클 저는 리처드 씨의 대학교 동창 마이클이에요.
내일 동창 모임이 취소됐어요.
제가 저녁에 다시 전화하겠습니다.
이소라 네, 메모 전해 드리겠습니다.
마이클 감사합니다. 안녕히 계세요.

56

표현

- 전화 걸기 電話をかける

A : 여보세요? 거기 김수진 씨 집이지요?
B : 네, 그런데요.

- 전화해서 사람 찾기 電話をして呼び出してもらう

A : 리처드 씨 계십니까?
B : 네, 전데요. 실례지만 누구세요?

A : 리처드 씨 좀 바꿔 주세요. / 리처드 씨 좀 바꿔 주시겠어요?
B : 지금 안 계신데요.

- 메모 부탁하기 伝言メモを頼む

메모 좀 전해 주세요.
메모 좀 부탁합니다.
메모 좀 전해 주시겠어요?

확장

친구의 집에 전화를 걸어 메모를 남겨 보세요.
友だちの家に電話をして伝言メモを頼んでみましょう。

인사과 **人事課** · 자리에 안 계시다 **席を外している** · 회의 중 **会議中** · 메모를 전하다 **伝言する、メモを伝える** · 동창 **同窓** · 취소되다 **キャンセルになる**

Part 2

준비합시다

01 에게서, 한테서

57

휴대전화 문자 메시지를 받았을 때 그 문자 메시지가 누구에게서 왔는지 어떻게 말할까요? 携帯メールをもらったとき、その文字メッセージが誰から送られたかについて、どのように話したらいいでしょうか。

어제 우리 반 친구에게서 생일 축하 문자를 받았습니다.

문법

N + 에게서, 한테서

'에게서, 한테서'は動作や状態の出発点となる相手を表す助詞である。尊敬語は'께서'だ。

친구 + 에게서 → 친구에게서　　동생 + 한테서 → 동생한테서

※ 動作や状態の出発点となる相手が人ではない場合には'에서'だけを使用する。

연습

다음의 다양한 정보를 어떻게 얻었을까요? 표를 보고 말해 보세요.
次の様々な情報をどのようにして得たのでしょうか。表を見て話してみましょう。

보기	한국어 수업	회사 동료 / 듣다
①	오늘 날씨	신문 / 보다
②	율리아 결혼 소식	요코 / 듣다
③	백화점 세일	텔레비전 / 보다
④	맛있는 식당	잡지 / 읽다
⑤	학교 전화번호	선생님 / 듣다
⑥	동아리 모임	친구 / 듣다

A 우리 학교의 한국어 수업을 어떻게 알았어요?

B 회사 동료한테서 들었어요. 그 동료가 작년에 이 학교에서 한국어를 배웠어요.

축하 祝賀、祝い

02 –(으)ㄹ게요

58

가까운 사람에게 약속하듯이 이야기할 때 어떻게 말할까요?
身近な人と約束するように話すときはどう言ったらいいでしょうか。

A 지금 통화할 수 있어요?

B 미안해요. 지금 지하철 안이에요. 제가 나중에 전화할게요.

문법

V + (으)ㄹ게요

'–(으)ㄹ게요'は何かをしようとする自分の意志を表したり、相手に約束するとき使用する表現である。

子音 + 을게요 예 앉을게요
母音, ㄹ + ㄹ게요 예 갈게요, 만들게요

연습

다음 상황에 맞게 상대방에게 약속해 보세요.
次の状況に合わせて相手に約束してみましょう。

다음부터 일찍 오다 · 이사를 도와주다 · 나중에 다시 걸다
지금 바로 담배를 끄다 · 내일 전자사전을 돌려주다 · 떠들지 않다

보기	왜 또 늦었어요? 지금이 몇 시예요?
①	제 전자사전 언제 돌려줄 거예요?
②	손님, 죄송하지만 이곳은 금연석이에요.
③	주말에 이사하려고 하는데요. 혹시 토요일에 시간 좀 있어요?
④	왕카이는 지금 없는데요. 2시쯤 들어올 거예요.
⑤	조용히 좀 해 주세요. 바로 옆방에서 아기가 자고 있어요.

A 왜 또 늦었어요? 지금이 몇 시예요?

B 미안해요. 다음부터 일찍 올게요.

- 통화하다 **通話**
- 나중에 **あとで**
- 일찍 **早く、早目に**
- 돌려주다 **返す**
- 떠들다 **騒ぐ**
- 금연석 **禁煙席**
- 옆방 **隣の部屋**

03 요

가까운 사람과 편하게 이야기할 때 한 번 말한 것을 반복하지 않고 간단하게 말하려면 어떻게 할까요? 身近な人と一度話したことを繰り返さないで簡潔に話すにはどうしたらいいでしょうか。

A 수진 씨, 점심에 뭐 먹었어요?
B 김치찌개요.

A 어디에서요?
B 학교 식당에서요.

문법

요

'요'は, 前述した言葉が繰り返されたり状況だけで十分に理解・予想できるとき、その部分を省略して新しい情報につけて簡単に文章をまとめる助詞である。

은행 + 요 → 은행요　　서점에서 + 요 → 서점에서요

연습

어제 한 일을 묻고 대답해 보세요.
昨日したことについて質問して答えてみましょう。

	이름	어제 한 일	장소	기타
보기	요코	쇼핑하다	동대문 시장	언니
①	미셸	공연을 보다	대학로 극장	안드레아
②	박영민	외식하다	신촌 식당	여자 친구
③	리처드	영화를 보다	이화 극장	혼자
④	티엔	파티하다	친구 집	저녁 7시~밤 12시
⑤	마사코	공부하다	도서관	오후 2시~오후 5시
⑥	이치로	운동하다	학교 운동장	오후 4시

A 요코 씨, 어제 뭐 했어요?
B 쇼핑했어요.

A 어디에서요?
B 동대문 시장에서요.

A 누구하고요?
B 언니하고요.

공연 公演
극장 劇場
운동장 運動場

어휘

전화 관련 어휘 電話関係の語彙 60

전화를 걸다

전화를 받다

전화를 끊다

전화를 바꿔 주다

전화를 잘못 걸다

통화하다

통화 중이다

문자를 보내다

문자를 확인하다

Part 2

말해 봅시다

전화로 모임에 대한 정보 주기 電話で集まりの情報を伝える

친구에게 전화를 걸어 결혼식 소식을 알려 주고 시간과 장소에 대한 정보를 말해 주세요.
友だちに電話をかけて結婚式があることを知らせ、時間と場所についての情報を話してください。

Try it!

말풍선을 따라 대화를 구성해 보세요.
吹出しにしたがって対話を完成してみましょう。

미셸
ユリアの結婚式について知らせます。

마이클
ユリアの結婚式の知らせを聞いて時間と場所を尋ねます。

1. 전화 걸기

여보세요? 미셸 씨 집?
미셸 씨 계시다?

잠깐만 기다리다

2. 전화 바꾸기

여보세요?
전화 바꾸다

안녕하세요? 저 | 마이클
율리아 씨 | 결혼 소식 | 듣다?

3. 결혼식 시간 알려 주기

아니요
결혼식 | 언제?

다음 달 첫 번째 토요일

4. 결혼식 장소 알려 주기

어디?

서울 호텔
미셸 씨 | 가다?

5. 정보의 출처 말하기

네
결혼 소식 | 어떻게 알다?

안드레아 씨 | 듣다

6. 친구들에게 연락할 것 약속하기

우리 반 친구들 | 알다?

아직 모르다
다른 친구들 | 나 | 연락하다

대화

61

마이클	여보세요? 미셸 씨 집이지요? 미셸 씨 계세요?
미셸의 동생	네, 잠깐만 기다리세요. (잠시 후)
미셸	여보세요? 전화 바꿨습니다.
마이클	안녕하세요. 미셸 씨? 저 마이클이에요. 율리아 씨 결혼 소식을 들었어요?
미셸	아니요. 결혼식이 언제예요?
마이클	다음 달 첫 번째 토요일요.
미셸	어디에서요?
마이클	서울 호텔에서요. 미셸 씨도 갈 거지요?
미셸	네, 갈 거예요. 그런데 율리아 씨 결혼 소식은 어떻게 알았어요?
마이클	안드레아 씨한테서 들었어요.
미셸	아, 그랬군요. 우리 반 친구들은 모두 알아요?
마이클	아니요, 아직 몰라요. 다른 친구들한테 내가 연락할게요.

발음 濃音化 ④

'(으)ㄹ'で始まる語尾の後に'ㄱ'、'ㄷ'、'ㅂ'、'ㅅ'、'ㅈ'がくるとき[ㄲ]、[ㄸ]、[ㅃ]、[ㅆ]、[ㅉ]と発音する。

갈 거예요 [갈꺼예요]　　그럴게요 [그럴께요]

표현

■ 전화 바꾸기 電話を代る

A: 여보세요? 미셸 씨 집이지요?
B: 네, 그런데요.
A: 미셸 씨 계세요? / 미셸 씨 좀 바꿔 주세요.
B: 네, 잠깐만 기다리세요.
(잠시 후)
C: 여보세요? 전화 바꿨습니다.

확장

친구에게 전화를 걸어 반 소풍에 대한 정보를 알려 주세요.
友だちに電話をかけてクラスの遠足についての情報を知らせてください。

· 잠시 후 **まもなく、しばらくして** · 첫 번째 **一番目** · 호텔 **ホテル** · 연락하다 **連絡する**

Part 3

들어 봅시다

전화로 예약하는 대화 듣기 電話で予約する対話を聞く

01 마이클 씨는 어디에 전화를 했을까요? 식당 예약을 할 때 무엇을 말할까요? 서로 이야기해 보세요. マイケルはどこに電話をしましたか。食堂の予約をするときどのように話したらいいでしょうか。

02 전화로 식당을 예약하는 대화입니다. 잘 듣고 메모해 보세요. 62
電話で食堂の予約をする対話です。よく聞いてメモしましょう。

예 약

- 이름 : 마이클
- 연락처 : 010-1803-3849
- 날짜 : (　　　　　) 월 (　　　　　) 일
- 시간 : (　　　　　) 시
- 인원 : (　　　　　) 명
- 자리 : (금연석 / 흡연석)
  (창가 / 입구)

표현

■ 자리 요청하기 席を指定する

금연석으로 부탁합니다.
금연석으로 예약해 주세요.
창가 쪽 자리를 주세요.
창가 쪽 자리가 좋은데요.

연락처 連絡先
인원 人数
자리 席
흡연석 喫煙席
창가 窓側
입구 入口

읽고 써 봅시다

송별회 계획에 대한 글 읽고 쓰기 送別会の計画についての文章を読んで書く。

01 다음은 무엇을 메모한 것입니까? 서로 이야기해 보세요.
次は何をメモしたものですか。お互いに話してみましょう。

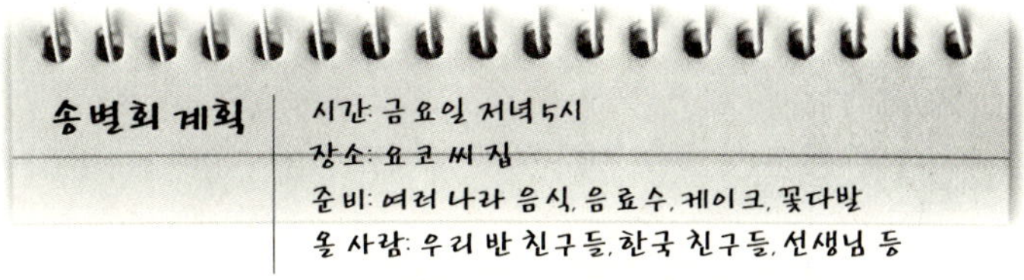

02 친구의 송별회 계획에 대한 글입니다. 다음을 읽고 물음에 답하세요. 63
友達の送別会の計画についての文章です。次の文章を読んで質問に答えましょう。

송별회 계획

이번 학기가 끝나면 우리 반 잔느 씨가 프랑스로 돌아갑니다. 그래서 저와 반 친구들은 이번 토요일 6시에 잔느 씨 송별회를 해 주려고 합니다.

송별회 장소는 학교 앞 이화 호프입니다. 우리는 멋있는 계획을 많이 세웠습니다. 율리아 씨가 크고 맛있는 케이크를 준비할 겁니다. 그리고 잔느 씨에게 우리 반 앨범을 선물해 주고 싶어서 요코 씨하고 마이클 씨가 함께 앨범을 만들고 있습니다. 저는 꽃다발을 준비할 겁니다. 이치로 씨는 노래를 불러 줄 겁니다. 그래서 이치로 씨는 지금 열심히 노래 연습을 하고 있습니다.

우리 반 친구들은 1주일 동안 송별회 준비를 했습니다. 잔느 씨는 깜짝 놀랄 겁니다. 그리고 아주 기뻐할 겁니다.

(1) 송별회는 언제, 어디입니까?

시간: (   ) 요일 (   ) 시   장소: (   )

(2) 맞는 것에 ✓표 하세요.

① 요코 씨와 마이클 씨는 선물로 앨범을 샀습니다.   네 ____ 아니요 ____

② 이치로 씨는 송별회에서 노래를 부를 겁니다.   네 ____ 아니요 ____

계획을 세우다 **計画を立てる**
앨범 アルバム
깜짝 놀라다 **びっくりする**

03 여러분은 친구에게 송별회를 해 주려고 합니다. 송별회 계획을 세우고 글로 써 보세요.
皆さんは友達の送別会をする予定です。送別会の計画を立てて書いてみましょう。

문화 알아보기

韓国生活に役立つ電話番号 한국 생활에 유용한 전화번호

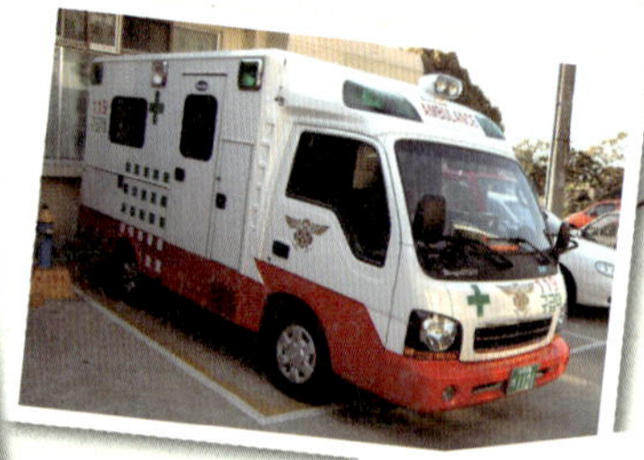

한국에는 알아 두면 도움이 되는 전화번호가 여러 가지 있습니다. 전화번호를 모르면 114번에 전화를 거십시오. 그러면 전화번호 안내를 받을 수 있습니다. 그리고 불이 났을 때나 위험한 상황일 때에는 119번에 전화하십시오. 그러면 소방관의 도움을 받을 수 있습니다. 경찰의 도움이 필요하면 112번에 전화하면 됩니다. 언제나 경찰관이 여러분을 도와주러 올 것입니다. 그리고 서울에 사는 외국인은 120번에 전화해 보세요. '120 다산콜센터'에서 서울 생활에 필요한 여러 가지 정보를 쉽고 친절하게 가르쳐 줄 겁니다.

韓国では知っておくと役立つ電話番号が色々あります。

電話番号がわからないときは114番に電話をかけてください。そうすると、番号案内のサービスを受けることができます。そして火事になったり緊急な場合ができたら119番に電話をかけてください。そうすれば、消防士に助けてもらえます。警察の助けが必要なら112番に電話したらいいです。いつでも警察官が皆さんを助けに来てくれます。ソウルに暮している外国人なら'120タサン・コールセンター'を利用してみるのもいいでしょう。'120タサン・コールセンター'はソウルでの生活に必要な色々な情報を親切に教えてくれます。

01 언제 120번에 전화하면 좋을까요?
いつ120番に電話をしたらいいでしょうか。

02 여러분의 나라에서 알아 두면 도움이 되는 전화번호는 무엇입니까?
皆さんの国では知っておくと役立つ電話番号にどんなものがありますか。

詩 통화

01 전화로 전달할 수 있는 것에는 무엇이 있을까요? 친구들과 이야기해 보세요.
電話で伝えることができるのには何がありますか。友だちと話してみましょう。

02 다음은 「통화」입니다. 시를 낭송하면서 감상해 보세요. 64
次の詩はムン・インスの詩「통화(通話)」です。朗読しながら鑑賞しましょう。

통화

문인수(1945~)

거기는 비 온다고?
이곳은 화창하다.
그대 슬픔 조금, 조금씩 마른다.
나는, 천천히 젖는다.

『애지 No.4』, 일광, 2000

03 문자 메시지로 상대방에게 감정을 표현해 보세요.
文字メッセージで相手に自分の感情を表現してみましょう。

화창하다 のどかだ　슬픔 悲しみ　조금씩 少しずつ　마르다 乾く　천천히 ゆっくり　젖다 濡れる、潤む

제14과

약속

約束

제 14 과 약속 約束

Part 1	준비합시다	**1** –(으)ㄹ 수 있다　**2** 못　**3** –고(順序)
	말해 봅시다	약속 변경하기 約束を変更する
Part 2	준비합시다	**1** –기 전에　**2** –아/어야 하다
	말해 봅시다	가능한 시간으로 약속 정하기 可能な時間に約束する
Part 3	들어 봅시다	약속을 확인하는 대화 듣기 約束を確認する対話を聞く
	읽고 써 봅시다	약속에 관한 경험의 글 읽고 쓰기 約束に関する経験の文章を読んで書く

CULTURE & LITERATURE

문화 알아보기	젊은이들의 거리, 신촌 若者の街'シンチョン(新村)'
문학 맛보기	판소리 パンソリ「사랑가」

Part 1

준비합시다

01 -(으)ㄹ 수 있다

어떤 일을 할 수 있는지 어떤 일은 할 수 없는지 어떻게 말할까요?
どんなことができるのか、どんなことができないのかについて、どのように話したらいいですか。

요코는 운전을 할 수 있습니다.

요코는 자전거를 탈 수 없습니다.

문법

V + (으)ㄹ 수 있다

'-(으)ㄹ 수 있다'は話す人の可能性や能力を表す表現だ。

子音 + 을 수 있다　예 읽을 수 있다
母音, ㄹ + ㄹ 수 있다　예 쓸 수 있다, 만들 수 있다

연습

다음 일들을 할 수 있는지 묻고 대답해 보세요.
次のことができるか質問して答えてみましょう。

	항목	마이클	율리아
보기	불고기를 만들다	×	○
①	매운 음식을 먹다	○	○
②	한국 노래를 부르다	○	×
③	첼로를 켜다	×	○
④	오토바이를 타다	○	×
⑤	한국 신문을 읽다	×	○
⑥	태권도를 하다	○	×

A 마이클 씨, 불고기를 만들 수 있어요?
B 아니요, 만들 수 없어요. 율리아 씨는요?
A 저는 만들 수 있어요. 별로 어렵지 않아요.

별로 別に、あまり(否定表現を伴って)
첼로를 켜다 チェロを弾く

어휘

운동 スポーツ

66

축구를 하다

야구를 하다

농구를 하다

테니스를 하다

골프를 치다

스키를 타다

악기 연주 楽器の演奏

피아노를 치다

기타를 치다

드럼을 치다

플루트를 불다

색소폰을 불다

바이올린을 켜다

Part 1

준비합시다

02 못

67

어떤 일을 할 의지는 있지만 능력이 없을 때 어떻게 말할까요?
あることをする意志はあるけれど、能力が足りないときはどのように話したらいいですか。

A 마이클 씨, 수영할 수 있어요?

B 아니요, 수영 못 해요. 배우지 않았어요.

문법

못 + V

'못'は主体の意志や願いはあるけれど、それに必要な能力がないか、他のあることのために主体の思い通りにならないことを表すときに使用する。

못 + 마시다 → 못 마시다　　운동 + 못 + 하다 → 운동 못 하다

연습

다음 제안에 이유를 말하면서 거절해 보세요.
次の提案に理由を言って断ってみましょう。

	제안	거절 이유
보기	일요일에 등산 가다	다리를 다쳤다
①	토요일에 골프를 치다	회사에 중요한 회의가 있다
②	내일 아침에 수영하다	감기에 걸렸다
③	금요일 저녁에 만나다	선약이 있다
④	커피 마시다	요즘 위가 아프다
⑤	점심을 먹다	할 일이 많다
⑥	주말에 놀이동산에 놀러 가다	몸이 안 좋다

A 일요일에 같이 등산 갈까요?

B 미안해요. 제가 다리를 다쳤어요. 그래서 등산 못 가요.

- 다치다 怪我する
- 중요하다 重要だ
- 선약 先約
- 위 胃
- 몸이 안 좋다 体の調子が悪い

03 -고(順序)

68

수업 후에 하는 일을 순서대로 어떻게 말할까요?
授業の後にすることを、順序立てて話してみましょう。

A 수업 후에 뭐 할 거예요?

B 먼저 점심을 먹고 그다음에 도서관에 갈 거예요.

문법

V + 고

'-고'は時間の順に行為を列挙するときに使う。

공부하다 + 쉬다 → 공부하고 쉬다　　밥을 먹다 + 설거지하다 → 밥을 먹고 설거지하다

연습

다음을 보고 두 사람의 행동을 비교해서 말해 보세요.
次の表を見て2人の行動を比較して話してみましょう。

	항목	요코	수진
보기	옷을 입을 때 (티셔츠/바지)	티셔츠를 입다 → 바지를 입다	바지를 입다 → 티셔츠를 입다
①	신발을 신을 때 (오른쪽/왼쪽)	오른쪽을 신다 → 왼쪽을 신다	왼쪽을 신다 → 오른쪽을 신다
②	세수할 때 (세수/이)	세수하다 → 이를 닦다	이를 닦다 → 세수하다
③	샤워할 때 (머리/몸)	머리를 감다 → 몸을 씻다	몸을 씻다 → 머리를 감다
④	여행갈 때 (계획/비행기 표)	계획을 세우다 → 비행기 표를 사다	비행기 표를 사다 → 계획을 세우다
⑤	식사할 때 (밥/물)	밥을 먹다 → 물을 마시다	물을 마시다 → 밥을 먹다
⑥	집안일을 할 때 (청소/설거지)	청소를 하다 → 설거지를 하다	설거지를 하다 → 청소를 하다

A 요코 씨는 옷을 입을 때 티셔츠를 먼저 입어요, 아니면 바지를 먼저 입어요?

B 저는 먼저 티셔츠를 입고 바지를 입어요. 수진 씨는요?

A 저는 바지를 입고 티셔츠를 입어요.

티셔츠 Tシャツ
먼저 先に
아니면 それとも
신발을 신다 靴を履く
이를 닦다 歯をみがく
머리를 감다 髪を洗う
몸 体
씻다 洗う
밥 ご飯
물 水
설거지 (食後の)後片付け

Part 1

말해 봅시다

약속 변경하기 約束を変更する

여러분은 다른 일이 있어서 친구와의 약속을 변경해야 합니다. 친구에게 이유를 말하고 약속을 변경해 보세요. 皆さんは他の用事があって友だちとの約束を変更しなければなりません。友だちに理由を話して約束を変更してもらいましょう。

Try it!

말풍선을 따라 대화를 구성해 보세요.
吹出しにしたがって対話を完成してみましょう。

수진
約束を来週に変更したいです。

샐리
約束を変更して約束の日を決め直しましょう。

1. 주말 약속 확인하기

테니스 약속 | 이번 토요일?

네, 맞다

2. 약속 변경 제안하기

미안하지만 약속 | 다음 주 | 변경하다?

왜? 무슨 일 | 있다?

3. 이유 말하기

그날 | 어머니 생신 | 가족들 | 저녁 식사 | 하다 미안하다

괜찮다 그러면 약속 | 바꾸다

4. 약속 날짜 다시 정하기

다음 주 토요일 | 어떻다?

좋다 별일 없다

5. 약속에 대한 계획 세우기

토요일 오전 | 만나다 점심 | 먹다 → 테니스 | 하다 저 | 점심 | 사다

좋다

대화

69

수진	샐리 씨, 우리 테니스 약속이 이번 토요일이지요?
샐리	네, 맞아요.
수진	미안하지만 약속을 다음 주로 변경할 수 있어요?
샐리	왜요? 무슨 일이 있어요?
수진	사실은 그날이 어머니 생신이라서 가족들이 모두 저녁 식사를 하려고 해요. 정말 미안해요.
샐리	괜찮아요. 그러면 약속을 바꿉시다.
수진	그럼 다음 주 토요일은 어때요?
샐리	좋아요. 그날 별일 없어요.
수진	그럼 토요일 오전에 만나요. 먼저 점심을 같이 먹고 테니스를 합시다. 제가 점심을 살게요.
샐리	네, 좋아요.

발음 'ㅎ'の脱落

母音と母音の間に位置した 'ㅎ'は脱落して発音されない。

좋아요 [조아요]　　놓으세요 [노으세요]

표현

■ 약속 변경을 제안하기 約束の変更を提案する

약속을 좀 바꾸고 싶은데요.
약속 장소를 학교 근처로 변경하고 싶어요.
미안하지만 약속을 다음 주로 변경할 수 있어요?

확장

친구에게 이유를 말하고 약속 시간이나 장소를 변경해 보세요.
友だちに理由を話し約束の時間や場所を変更してみましょう。

· 맞다 **正しい**　· 변경하다 **変更する**　· 사실 **事実**　· 바꾸다 **代える、交換する**　· 별일 없다 **特に用はない、変わりない**
· 점심을 사다 **昼ごはんをおごる**

Part 2

준비합시다

01 –기 전에

어떤 사실보다 먼저 일어난 행동에 대해 말할 때 어떻게 할까요?
ある事実より先にとった行動についてどのように話しますか。

A 친구들한테 언제 연락했어요?

B 어젯밤에 자기 전에 전화했어요.

문법

V + 기 전에

'–기 전에'はある行為や状態が前に述べた事実より先行することを表す表現だ。過去を表す'–았/었–'と共に使用することはできない。

보 + 기 전에 → 보기 전에　　닫 + 기 전에 → 닫기 전에

연습

다음을 보고 언제 그 일을 했는지 묻고 대답해 보세요.
次の表を見て、いつそれをしたのか質問して答えてみましょう。

	행동		
보기	수진 씨를 만나다	→	영화를 보다
①	숙제를 하다	→	모임에 가다
②	점심을 먹다	→	수영하러 가다
③	방 청소를 하다	→	저녁 식사를 준비하다
④	태권도를 배우다	→	대학교에 입학하다
⑤	머리를 자르다	→	사진을 찍다
⑥	슈퍼마켓에서 과일을 사다	→	산책하다

A 언제 수진 씨를 만났어요?

B 영화를 보기 전에 만났어요.

- 입학하다 入学する
- 머리를 자르다 髪を切る
- 슈퍼마켓 スーパーマーケット

02 –아/어야 하다

71

꼭 해야 하는 의무적인 일을 어떻게 표현할까요?
必ずしなければならない義務的なことは、どのように表現したらいいでしょうか。

A 오늘 오후에 같이 영화를 볼까요?

B 미안해요. 오늘은 안 돼요. 내일 시험이 있어서 공부해야 해요.

문법

V + 아/어야 하다

'–아/어야 하다'はある状況で必要であったり義務的な行為、あるいは必ずそうあるべき状態を表すときに使用する。口語体では '–아/어야 하다' の代りに '–아/어야 되다'を多く使う。

어간 'ㅏ', 'ㅗ' + –아야 하다 예 닫아야 하다　　그 밖의 어간 + –어야 하다 예 열어야 하다
※ 하다 → 해야 하다 예 운동해야 하다
이다 → 子音 + 이어야 하다 예 학생이어야 하다
母音 + 여야 하다 예 아이여야 하다

연습

다음 상황에서 어떻게 해야 하는지 묻고 대답해 보세요.
次のような状況では、どうしたらいいでしょうか。質問して答えてみましょう。

	상황	해야 할 일
보기	한국에서 운전을 하고 싶다	운전면허증이 있다, 길을 잘 알다
①	한국 대학교에 입학하고 싶다	한국어 공부를 열심히 하다, 입학시험에 합격하다
②	살을 3kg 빼고 싶다	매일 운동하다, 8시 후에 먹지 않다
③	중국에 여행가고 싶다	비자를 받다, 숙소를 미리 예약하다
④	도서관에서 책을 빌리고 싶다	학생증을 가져가다, 6시 전에 도서관에 가다

A 저는 한국에서 운전을 하고 싶어요. 어떻게 해야 돼요?

B 운전면허증이 있어야 돼요. 그리고 길도 잘 알아야 돼요.

- 운전면허증 運転免許証
- 길을 알다 道を知っている
- 합격하다 合格する
- 비자 ビザ
- 학생증 学生証

Part 2

말해 봅시다

가능한 시간으로 약속 정하기 可能な時間に約束する

오후에 일이 있는데 친구가 만나자고 합니다. 그 시간에 안 되는 이유를 말하고 가능한 시간으로 약속을 정해 보세요. 皆さんは午後に仕事があるけれど、友だちが会いたいと言っています。その時間がだめな理由を話し、待ち合わせの時間を決めてみましょう。

Try it!

말풍선을 따라 대화를 구성해 보세요.
吹出しにしたがって対話を完成してみましょう。

왕카이	프랑크
授業の後で、フランクに大使館に一緒に行ってほしいと頼みます。	可能な時間を言います。

1. 제안 거절하기

- 왕카이: 오늘 시간 있다? / 저 | 비자 | 대사관 | 가다 / 수업 끝나다 → 같이 가다?
- 프랑크: 오늘 | 안 되다 / 동생 | 마중하다 | 공항 | 가다

2. 안 되는 시간 말하기

- 왕카이: 그래요? / 학교 | 몇 시 | 출발하다?
- 프랑크: 5시쯤 출발하다

3. 가능한 시간 말하기

- 왕카이: 공항 | 가기 전 | 시간을 내 주다?
- 프랑크: 공항 | 가기 전 | 괜찮다 / 몇 시 | 만나다?

4. 약속 정하기

- 왕카이: 2시 | 만나다 / 고맙다
- 프랑크: 이따가 보다

대화

72

왕카이	프랑크 씨, 오늘 시간 있어요? 제가 비자 때문에 대사관에 가려고 해요. 수업 끝나고 대사관에 같이 가 줄 수 있어요?
프랑크	미안해요. 오늘은 안 돼요. 동생을 마중하러 공항에 가야 돼요.
왕카이	그래요? 학교에서 몇 시에 출발해야 돼요?
프랑크	5시쯤 출발해야 돼요.
왕카이	그럼 공항에 가기 전에는 시간 좀 내 줄 수 있어요?
프랑크	네. 공항에 가기 전에는 괜찮아요. 몇 시에 만날까요?
왕카이	2시에 만나요. 고마워요, 프랑크 씨.
프랑크	그럼 이따가 봐요.

표현

- 시간 내 달라고 부탁하기 時間を作ってほしいと頼む

  시간 좀 내 주세요.
  시간 좀 내 줄 수 있어요?

- 가능한 시간 말하기 可能な時間を話す

  5시까지는 괜찮아요.
  5시 전에는 가능해요.
  6시 이후에는 가능해요.
  공항에 가기 전에는 괜찮아요.
  수업이 끝난 후부터는 가능해요.

확장

친구의 만나자는 제안에 가능한 시간과 장소를 말하고 약속을 정해 보세요.
友だちが会いたいと言っています。可能な時間と場所を言って約束をしてみましょう。

때문에 **ために** · 대사관 **大使館** · 시간을 내다 **時間を作る** · 이따가 **後程**

Part 3

들어 봅시다

약속을 확인하는 대화 듣기 約束を確認する対話を聞く

01 약속을 확인하려면 무엇을 어떻게 물어야 할까요? 서로 이야기해 보세요.
約束を確認するには何をどのように聞いたらいいでしょうか。お互いに話してみましょう。

02 친구에게 전화해서 약속을 확인하는 대화입니다. 잘 듣고 물음에 답하세요. 73
友達に電話をかけて約束を確認する対話です。よく聞いて質問に答えましょう。

(1) 이치로 씨는 언제, 어디에서 친구들과 약속이 있습니까?

① 시간 : 금요일 (오전, 오후) ______________ 시

② 장소 : ______________________________

(2) 이치로 씨는 금요일 약속에 왜 늦게 갑니까?

① 부모님이 오십니다.

② 집에 일이 있습니다.

③ 중요한 일이 있습니다.

(3) 맞는 것에 ✓표 하세요.

① 이치로 씨는 약속 시간을 기억하지 못했습니다. 네 _____ 아니요 _____

② 이치로 씨는 약속 장소에 가기 전에 리하오 씨에게 전화를 할 겁니다.
네 _____ 아니요 _____

기억하다 記憶する

읽고 써 봅시다

약속에 관한 경험의 글 읽고 쓰기 約束に関する経験の文章を読んで書く

01 다음 메모를 보고 약속이 언제, 어디인지 이야기해 보세요.
次のメモを見て、約束の時間と場所を話してみましょう。

시간 : 3월 10일
장소 : 이촌역

시간 : 4월 11일
장소 : 인천역

02 약속에 대한 경험의 글입니다. 다음을 읽고 물음에 답하세요.
約束についての経験を書いた文章です。次の文章を読んで質問に答えましょう。

74

"신촌역요? 시청역 아니에요?"

저는 석 달 전에 한국에 왔습니다. 그래서 아직 한국어를 잘 못합니다. 지난주에 저는 한국 친구 수진 씨와 같이 영화를 보려고 했습니다. 약속 장소는 시청역 2번 출구였습니다.

저는 약속 장소에 제시간에 도착했습니다. 그런데 수진 씨가 오지 않았습니다. 약속 시간이 20분 지난 후 수진 씨에게서 전화가 왔습니다. "마이클 씨, 왜 안 와요?"라고 수진 씨가 말했습니다. "저는 벌써 도착했어요. 어디에 있어요?"라고 물었습니다. 수진 씨는 "신촌역 2번 출구 앞요."라고 대답했습니다. 저는 그 말을 듣고 깜짝 놀랐습니다. "신촌역요? 시청역 아니에요?"라고 말했습니다. 그리고 지하철을 다시 타고 신촌역에 갔습니다.

저는 한국어를 잘 못해서 가끔 실수를 합니다. 그렇지만 한국 생활이 재미있습니다.

(1) 맞는 것에 ✔표 하세요.

① 이 사람은 한국에 3달 전에 왔습니다. 네 ______ 아니요 ______

② 수진 씨는 약속 시간에 20분 늦었습니다. 네 ______ 아니요 ______

(2) 이 사람은 왜 다른 곳에서 기다렸습니까?

① 지하철을 잘못 탔습니다. ② 역 이름을 잘못 들었습니다.

③ 수진 씨가 잘못 가르쳐 주었습니다.

시청역 市庁駅
석 달 3ヶ月
제시간 定刻
벌써 もう
가끔 時たま
실수하다 失敗する、ミスする

03 여러분은 약속 장소나 시간을 몰라서 실수한 적은 없습니까? 약속에 관한 경험을 글로 써 보세요. 皆さんは待ち合わせの場所や時間が分からなくて困ったことはありませんか。約束に関する経験を文章にしてみましょう。

문화 알아보기

若者の街「シンチョン(新村)」 젊은이들의 거리, 신촌

서울에는 젊은이들의 만남의 장소가 많습니다. 명동, 대학로, 종로, 신촌 등이 바로 그런 곳입니다. 그중에서도 신촌은 주변에 여러 대학교들이 모여 있는 대학가입니다. 그리고 교통도 편해서 대표적인 젊은이들의 거리가 되었습니다. 신촌에는 젊은이들의 취향에 맞는 다양한 음식점, 카페, 술집 등이 많습니다. 그래서 친구들을 만나거나 모임을 갖기에 좋습니다. 그리고 쇼핑 센터, 영화관, 서점 등도 있어서 쇼핑을 하거나 문화 생활을 즐기기에도 편리합니다. 그래서 신촌은 서울의 젊은이들의 거리로 자리 잡고 있습니다.

ソウルには若者たちがよく使う待ち合わせの場所が多いです。ミョンドン(明洞)、テハンノ(大学路)、チョンノ(鐘路)、シンチョン(新村)などがまさにそういう場所です。その中でもシンチョンは周辺に色々な大学が集まっている大学街で、交通の便もいいので代表的な若者の街となりました。

シンチョンには若者の感覚と嗜好に合っている様々な食事処、カフェ、居酒屋などが多いので友だちに会ったり集まるにもいいです。そして、ショッピングセンター、映画館、書店などもあってショッピングをしたり文化生活を楽しむにも便利です。そういうわけで、シンチョンはソウルの若者たちの街として独特な文化が根付いています。

01 신촌은 왜 젊은이들의 거리가 되었습니까?
シンチョンはどうやって若者の街となりましたか。

02 여러분 나라에서 만남의 장소로 유명한 곳은 어디입니까? 소개해 보세요.
皆さんの国で待ち合わせの場所として有名な場所はどこですか。紹介してみましょう。

문학 맛보기

パンソリ 사랑가

01 한국 사람들은 사랑을 어떻게 표현했을까요? 판소리 「춘향가」 중에서 〈사랑가〉를 들어 보세요. 〈사랑가〉에 '사랑'이 몇 번 나옵니까? 韓国人は愛をどのように表現したでしょうか。パンソリ「**춘향가**(春香歌)」のなかの<**사랑가**(愛歌)>を聞いてみましょう。<**사랑가**(愛歌)>に'**사랑**(愛)'が何回出てきますか。

02 다음은 〈사랑가〉입니다. 판소리를 감상해 보세요. 75
次はパンソリの<**사랑가**(愛歌)>です。鑑賞してみましょう。

사랑가

사랑 사랑 사랑 내 사랑이야
사랑이로구나 내 사랑이야
이이이이이 내 사랑이로다
아마도 내 사랑아
(후략)

Tip 판소리: パンソリは朝鮮時代中期(18C)以降、南部地方を中心に発展した韓国の伝統的な民俗楽だ。パンソリ歌詞(語り)をソリクンが謡い、コスが伴奏をする間、コスまたは聴衆が"オルス!"などの掛け声をかけたりもする。朝鮮時代の末葉, 申在孝がパンソリを12曲にまとめたが、現在は「春香歌」、「沈清歌」、「興夫歌」、「赤壁歌」、「水宮歌」の５曲だけが伝わっている。

03 여러분 나라의 '사랑의 노래'를 친구들에게 소개해 보세요.
皆さんの国の'愛の歌'を友だちに紹介してみましょう。

사랑 愛　　아마도 たぶん

제15과

취미

趣味

15과 취미 趣味

Part 1	준비합시다	1 -는 2 -(으)ㄴ/(으)ㄹ 3 -아/어 보다
	말해 봅시다	동아리 활동에 대해 소개하기 サークル活動について紹介する
Part 2	준비합시다	1 -아/어도 되다 2 -(으)면 안 되다
	말해 봅시다	등산할 때 주의 사항 알려 주기 登山するときの注意事項を教える
Part 3	들어 봅시다	취미 생활에 대한 대화 듣기 趣味生活についての対話を聞く
	읽고 써 봅시다	동호회를 소개하는 글 읽고 쓰기 同好会を紹介する文章を読んで書く

CULTURE & LITERATURE

문화 알아보기	한국 사람의 취미, 등산 韓国人の趣味、登山
문학 맛보기	시 詩 「피아노」

Part 1

준비합시다

01 -는

76

현재 일어나는 사건이나 행위를 어떻게 말할까요?
現在起っている事件や行為について、どのように話したらいいでしょうか。

A 저기 노래 부르는 사람이 누구예요?

B 제 친구 마이클이에요.

문법

V + 는 + N

'-는 + N'は動詞の後について名詞を修飾し、その事件や行為が現在起こることを表す。

가 + 는 + 곳 → 가는 곳　　읽 + 는 + 책 → 읽는 책　　살 + 는 + 도시 → 사는 도시

연습

다음을 보고 묻고 대답해 보세요.
次の表を見て質問して答えましょう。

	항목	종류		
보기	텔레비전 프로그램	(드라마)	뉴스	코미디
①	음악	팝송	대중가요	클래식
②	책	잡지	소설	만화
③	사람	동창	학교 선배	남자 친구
④	옷	청바지	운동복	정장

A 요즘 자주 보는 텔레비전 프로그램이 뭐예요?

B 제가 자주 보는 것은 드라마예요.

- 코미디 コメディー
- 팝송 ポップソング
- 대중가요 大衆歌謡
- 클래식 クラシック
- 잡지 雑誌
- 만화 漫画
- 선배 先輩
- 청바지 ジーンズ、Gパン
- 운동복 スポーツウェア、体操服
- 정장 正装

02 -(으)ㄴ/(으)ㄹ

77

과거에 일어난 사건이나 행위를 어떻게 말할까요? 그리고 미래의 사건이나 행위에 대해서 어떻게 말할까요? 過去に起こった事件や行為をどのように話しますか。そして、これから起こる事件や行為に対してはどのように話すでしょうか。

작년에 우리 가족이 간 곳은 제주도예요. 그리고 이번 휴가에 갈 곳은 설악산이에요.

문법

V + (으)ㄴ + N

'-(으)ㄴ + N'は動詞について名詞を修飾し、その事件や行為が過去に起ったことを表す。

子音 + 은 예 먹은 음식　　母音, ㄹ + ㄴ 예 본 영화, 만든 옷

V + (으)ㄹ + N

'-(으)ㄹ + N'は動詞について名詞を修飾し、事件や行為がこれから起こることを表す。

子音 + 을 예 먹을 음식　　母音, ㄹ + ㄹ 예 볼 영화, 만들 옷

연습

다음을 보고 지난번 축제와 다음 축제에 대해 묻고 대답해 보세요.
次の表を見て、この前と次の学園祭について質問して答えてみましょう。

		지난번 축제	다음 축제
보기	사회를 보다	나타샤	마이클, 리하오
①	프로그램을 만들다	요코	미셸
②	음악을 준비하다	왕카이	이치로
③	사진을 찍다	티엔, 안드레아	선생님
④	초대장을 보내다	선생님	수잔, 리처드

사회를 보다 司会をする

A 지난번에 사회를 본 사람은 누구예요?
B 나타샤예요.

A 다음에 사회를 볼 사람은 누구예요?
B 마이클과 리하오예요.

Part 1

03 -아/어 보다

78

여러분이 시도했거나 경험한 것에 대해서 어떻게 말할까요?
皆さんが試みたり経験したことについて、どのように話したらいいでしょうか。

A 제주도에 가 봤어요?

B 아니요, 아직 못 가 봤어요.

A 제주도는 정말 아름다워요. 꼭 한번 가 보세요.

문법

V + 아/어 보다

'-아/어 보다'はある行為を一度試したり経験したことを表す表現だ。

어간 'ㅏ', 'ㅗ' + 아 보다 예 가 보다, 와 보다 그 밖의 어간 + 어 보다 예 먹어 보다

※하다 → 해 보다 예 구경해 보다

연습

다음 사람들이 한국 생활에서 무엇을 경험했는지 묻고 대답해 보세요.
次の人たちは韓国生活で何を経験したか質問して答えてみましょう。

		도자기를 만들다	찜질방에 가다	삼계탕을 먹다	김치를 담그다	한복을 입다
보기	이치로	○	×	○	×	○
①	미셸	×	○	×	○	○
②	티엔	○	×	○	○	×
③	왕카이	○	○	○	×	×
④	나타샤	×	○	○	×	○

A 이치로 씨, 도자기를 만들어 봤어요?

B 네, 만들어 봤어요. 아주 재미있었어요.

A 그러면 찜질방에 가 봤어요?

B 아니요, 아직 못 가 봤어요.

아름답다 美しい
도자기 陶磁器
찜질방 チムジルバン
김치를 담그다 キムチを漬ける

어휘

취미 趣味

79

사진 찍는 것
사진 찍기

등산하는 것
등산하기

그림 그리는 것
그림 그리기

우표 모으는 것
우표 모으기

영화 보는 것
영화 보기

음악 듣는 것
음악 듣기

피아노 치는 것
피아노 치기

여행하는 것
여행하기

수영하는 것
수영하기

Part 1

말해 봅시다

동아리 활동에 대해 소개하기 サークル活動について紹介する

여러분은 사진 동아리에 가입했습니다. 여러분이 가입한 사진 동아리 활동에 대해 친구에게 소개해 주세요. 皆さんは写真サークルに入部しました。写真サークルの活動について友だちに紹介してください。

Try it!

말풍선을 따라 대화를 구성해 보세요.
吹出しにしたがって対話を完成してみましょう。

티엔
自分が入った写真サークルについて紹介します。

요코
写真サークルの活動について質問します。

1. 동아리 가입 묻기

동아리 | 가입하다?

아니요, 아직 안 하다

2. 취미 묻기

취미 | 뭐?

저 | 사진 찍는 것 | 좋아하다

3. 동아리 가입 권유하기

그러면 제 | 가입하다 | 사진 동아리 | 들어오다

사진 동아리 | 뭐 하다?

4. 동아리 활동 말하기

사진 찍는 것 | 배우다 우리 | 찍다 | 사진 | 전시하다

사진 전시회 | 열다? 얼마나 자주 모이다?

5. 모임 알려 주기

1주일 | 1번 모이다 내일 모임 | 있다 와 보다

내일 가 보다

대화

80

티엔	요코 씨, 동아리에 가입했어요?
요코	아니요, 아직 안 했어요.
티엔	요코 씨는 취미가 뭐예요?
요코	저는 사진 찍는 것을 좋아해요.
티엔	그러면 제가 가입한 사진 동아리에 들어오세요.
요코	사진 동아리에서 뭐 해요?
티엔	사진 찍는 것을 배워요. 그리고 우리가 찍은 사진을 전시도 해요.
요코	사진 전시회도 열어요? 사진 동아리는 얼마나 자주 모여요?
티엔	일주일에 한 번 모여요. 내일 모임이 있어요. 한번 와 보세요.
요코	네, 내일 가 볼게요.

발음 激音化 ②

パッチムの発音 [ㄱ]、[ㄷ]、[ㅂ]、[ㅈ] の後に'ㅎ'がくるとき、[ㅋ]、[ㅌ]、[ㅍ]、[ㅊ]と発音する。

가입하다 [가이파다]　　입학 [이팍]

표현

■ 취미 말하기 趣味を話す

A: 취미가 뭐예요?
B: 저는 사진 찍는 걸 좋아해요. / 제 취미는 사진 찍기예요.

■ 동아리 가입 권유하기 サークルの入部を勧誘する

사진 동아리에 들어오세요.
사진 동아리에 가입해 보세요.
사진 동아리에 가입하는 게 어때요?

확장

여러분이 가입한 동아리에 대해서 반 친구에게 소개하는 대화를 해 보세요.
皆さんが入部したサークルについて、クラスメートに紹介する対話をしてみましょう。

· 가입하다 **加入する、入部する** · 취미 **趣味** · 들어오다 **入ってくる** · 전시하다 **展示する** · 전시회를 열다 **展示会を開く**
· 모이다 **集まる**

Part 2

준비합시다

01 –아/어도 되다

81

어떤 일을 하기 전에 허락을 구할 때 어떻게 말할까요?
何かをする前に承諾や許可を求めるとき、どのように話したらいいでしょうか。

A 이거 먹어 봐도 돼요?

B 물론이에요. 드셔 보세요.

문법

A/V + 아/어도 되다

'–아/어도 되다'は許可や許容を表す表現だ。'–아도 괜찮다'、'–아도 좋다'、'–아도 상관없다' なども似たような意味で使われる。

어간 'ㅏ', 'ㅗ' + 아도 되다 예 가도 되다, 와도 되다
그 밖의 어간 + 어도 되다 예 써도 되다, 먹어도 되다
※하다 → 해도 되다 예 구경해도 되다

연습

다음 상황에서 허락을 구하는 말을 해 보세요.
次のような状況で許可や許容を求める話をしてみましょう。

보기

들어가다

A 들어가도 돼요?
B 네, 들어오세요.

① 

주차하다

② 

신발을 신어 보다

③ 

빈 자리에 앉다

④ 

휴대전화를 사용하다

물론이다 もちろんだ
드시다 召し上がる
빈 자리 空席
사용하다 使用する

02 -(으)면 안 되다

박물관이나 영화관과 같은 공공장소에서 금지된 행위에 대해 말할 때 어떻게 말할까요?
博物館や映画館のような公の場で、禁止されている行為について、どのように話したらいいでしょうか。

A 여기에서 사진을 찍으면 안 됩니다.

B 죄송합니다. 몰랐습니다.

문법

A/V + (으)면 안 되다

'-(으)면 안 되다'はある行為と状態について禁止したり制限するときに使用する。

子音 + 으면 안 되다 예 먹으면 안 되다
母音, ㄹ + 면 안 되다 예 하면 안 되다, 만들면 안 되다

연습

다음 장소에서 어떤 행위가 허용되는지 묻고 대답해 보세요.
次の場所ではどんな行為が許されるか、質問して答えてみましょう。

	장소	금지된 일
보기	병실	담배를 피우다
①	교실	김밥을 먹다
②	기숙사	애완동물을 키우다
③	미술관	그림을 만지다
④	영화관	큰 소리로 말하다
⑤	도서관	휴대전화를 사용하다

A 병실에서 담배를 피워도 돼요?

B 아니요, 병실에서는 담배를 피우면 안 돼요.

- 병실 病室
- 애완동물 ペット
- 키우다 育てる、飼う
- 미술관 美術館
- 만지다 触る
- 큰 소리 大声

Part 2

말해 봅시다

등산할 때 주의 사항 알려 주기 登山するときの注意事項を教える

등산 동호회의 오리엔테이션입니다. 신입 회원에게 등산할 때 주의 사항에 대해서 알려 주세요. 登山同好会のオリエンテーションです。新入会員に登山をするときの注意事項について教えてください。

Try it!

말풍선을 따라 대화를 구성해 보세요.
吹出しにしたがって対話を完成してみましょう。

왕카이 登山するときの注意事項について教えます。	리처드 登山するときの注意事項について質問します。

1. 등산 일정 확인하기

이번 토요일 | 북한산 | 가다 | 알다?
모두 9시 | 학교 정문 | 오다

그런데 뭐 | 준비하다?

2. 준비물 알려 주기

등산화 | 신다 + 모자 | 쓰고 오다
점심 | 준비하다

산 | 밥 | 하다 | 되다?

3. 주의 사항 알려 주기

산 | 불 | 사용하다 | 안 되다
취사 금지
꼭 도시락 | 가져오다

또 뭐 | 주의하다?

4. 다른 주의 사항 알려 주기

산 | 쓰레기 | 버리다 | 안 되다
담배 | 피우다 | 안 되다

잘 알겠다

대화

83

왕카이	이번 토요일에 우리 등산 동호회에서 북한산에 가는 거 알지요? 모두 9시까지 학교 정문으로 오세요.
리처드	그런데 뭘 준비해야 돼요?
왕카이	꼭 등산화를 신고, 모자를 쓰고 와야 돼요. 점심도 준비해 오세요.
리처드	산에서 밥을 해도 돼요?
왕카이	아니요, 산에서 불을 사용하면 안 돼요. 취사 금지예요. 꼭 도시락을 가져오세요.
리처드	또 뭘 주의해야 돼요?
왕카이	산에서 쓰레기를 버리면 안 돼요. 그리고 담배를 피우면 안 돼요.
리처드	네, 잘 알겠습니다.

표현

■ 주의 사항 묻기 注意事項を質問する

무엇을 주의해야 합니까?
어떤 주의 사항이 있습니까?
어떤 점에 주의해야 합니까?

확장

반 친구와 공공장소에서의 주의 사항에 대해 말해 보세요.
クラスメートと公の場での注意事項について話してみましょう。

동호회 **同好会** · 북한산 **北漢山** · 등산화 **登山靴** · 밥을 하다 **ご飯を炊く** · 취사 금지 **炊事禁止** · 도시락 **弁当** · 주의하다 **注意する**

Part 3

들어 봅시다

취미 생활에 대한 대화 듣기 趣味生活についての対話を聞く

01 두 사람은 무엇에 대해 이야기하고 있을까요? 서로 이야기해 보세요.
二人は何について話していますか。お互いに話してみましょう。

02 취미 생활에 대한 대화입니다. 잘 듣고 물음에 답하세요.
趣味生活について対話です。よく聞いて質問に答えましょう。

84

(1) 리하오 씨의 취미는 무엇입니까?

① 수영과 농구

② 여행과 운동

③ 등산과 그림 그리기

(2) 마이클 씨의 취미 생활에 대한 설명으로 맞는 것은 무엇입니까?

① 고등학교 선생님한테서 그림을 배웠습니다.

② 운동을 잘 못해서 운동을 그만두었습니다.

③ 여행을 좋아하지만 요즘은 바빠서 못 갑니다.

(3) 맞는 것에 ✔표 하세요.

① 리하오 씨는 다음 주부터 그림을 배울 겁니다. 네 ______ 아니요 ______

② 리하오 씨는 대학교에서 그림에 대한 수업을 들었습니다.
네 ______ 아니요 ______

그만두다 辞める

읽고 써 봅시다

동호회를 소개하는 글 읽고 쓰기 同好会を紹介する文章を読んで書く

01 다음은 동호회 이름입니다. 어떤 활동을 하는 동호회인지 이야기해 보세요.
次は同好会の名前です。どんな活動をする同好会なのか話してみましょう。

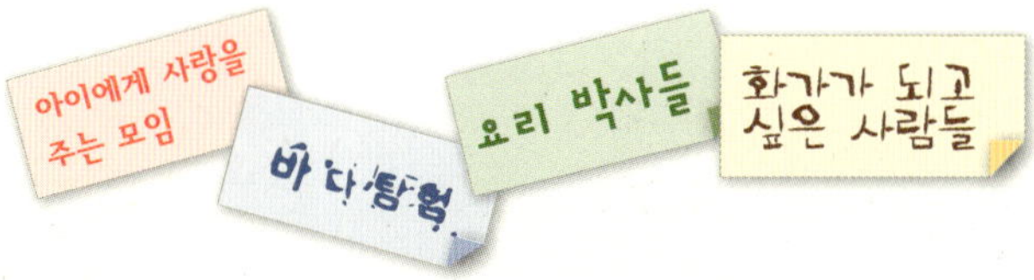

02 동호회를 소개하는 글입니다. 다음을 읽고 물음에 답하세요. 85
同好会を紹介する文章です。次の文章を読んで質問に答えましょう。

> 동호회 '사람 사랑'
>
> 저는 작년부터 자원봉사 동호회에서 활동하고 있습니다. 우리 동호회 이름은 '사람 사랑'입니다. 우리는 한 달에 한 번씩 토요일에 만납니다. 그리고 부모가 없는 아이들이나 혼자 사는 할머니, 할아버지가 계신 곳에 갑니다. 그리고 그 사람들과 같이 놀고 집안일도 해 주고 목욕도 시켜 줍니다.
>
> 처음에는 어려운 사람들에게 도움을 주고 싶어서 이 동호회에 가입했습니다. 그런데 지금은 아닙니다. 아이들과 할머니들, 할아버지들이 저에게 중요한 것들을 가르쳐 주었습니다. 그것은 바로 인생의 의미입니다. 그래서 지금은 이 동호회가 아주 소중합니다. 저는 앞으로 동호회 활동을 계속할 겁니다. 그리고 자원봉사에 관한 공부도 해 보려고 합니다.

(1) 이 사람은 무슨 동호회에서 활동하고 있습니까?

① 어려운 사람을 돕는 동호회

② 여러 사람이 같이 공부하는 동호회

③ 새로운 가족을 만들어 주는 동호회

(2) 맞는 것에 ✓표 하세요.

① 이 사람은 동호회 활동에서 많은 것을 배웠습니다. 네 _____ 아니요 _____

② 이 사람은 동호회에 관한 공부를 하려고 합니다. 네 _____ 아니요 _____

- 자원봉사 ボランティア
- 활동하다 活動する
- 목욕을 시키다 お風呂に入れさせる
- 도움 助け
- 인생 人生
- 의미 意味
- 소중하다 大切だ
- 어려운 사람 経済的に余裕がなかったり身体などに障害のある人
- 새롭다 新しい

03 여러분이 활동하는 동호회나 알고 있는 동호회를 소개하는 글을 써 보세요.
皆さんが活動する同好会や知っている同好会を紹介する文を書いてみましょう。

문화 알아보기

韓国人の趣味、登山 한국 사람의 취미, 등산

한국 사람들은 보통 어떤 취미 생활을 할까요? 조사 결과에 따르면 한국 사람들이 가장 즐기는 취미 생활은 등산이라고 합니다. 특히 30대 이상이 등산을 즐긴다고 합니다. 그러면 왜 많은 사람들이 등산을 좋아할까요? 등산을 좋아하는 이유는 여러 가지가 있습니다. 먼저 전 국토의 70%가 산으로 이루어졌기 때문에 등산하기가 쉽습니다. 또 등산은 건강에도 좋은 운동입니다. 그리고 비용이 많이 들지 않고 시간에 관계없이 할 수 있는 것도 장점입니다. 또한 혼자서도 할 수 있고 다른 사람과 함께 하기도 좋습니다.

韓国人はどんな趣味を持っているでしょうか。ある調査結果によると、韓国人が最も楽しんでいる趣味は登山で、特に30代以上の人々が登山を楽しんでいるといいます。なぜ多くの人々が登山が好きなのでしょうか。登山が好きな理由は色々あります。まず、全国土の70%が山なので容易に登ることができます。そして、登山は健康にもいいスポーツです。また、費用があまりかからないし、いつでもできるという長所もあります。それに、一人でもできるし、誰かと一緒にするのもいいです。

01 한국 사람들은 왜 등산을 좋아할까요? 이유를 말해 보세요.
韓国人はなぜ登山が好きですか。理由を話してみましょう。

02 여러분 나라의 사람들이 즐겨 하는 취미 활동에는 어떤 것이 있습니까?
皆さんの国の人々が楽しむ趣味にはどんなものがありますか。

문학 맛보기

01 다음 단어를 표현할 수 있는 그림은 무엇일까요? 또 그 이유는 무엇일까요?
次の単語を表現できる絵は何ですか。また, その理由は何ですか。

구름	해

02 전봉건 시인은 피아노 치는 손가락을 무엇으로 표현했을까요? 「피아노」를 낭송하면서 감상해 보세요. 詩人チョン·ボンゴン(全鳳健) はピアノをひく指を何に例えていますか。「피아노(ピアノ)」を朗読して鑑賞してみましょう。 86

피아노

전봉건(1928~1988)

피아노에 앉은
여자의 두 손에서는
끊임없이
열 마리씩
스무 마리씩
신선한 물고기가
튀는 빛의 꼬리를 물고
쏟아진다.
(후략)

『꿈 속의 뼈』, 근역서재, 1980

03 여러분의 취미를 어떤 사물로 표현할 수 있을까요? 친구들과 이야기해 보세요.
皆さんの趣味はどんな物に例えることができますか。友だちと話してみましょう。

끊임없이 絶え間なく　신선한 新鮮な　물고기 魚　튀는 弾む　빛 光　꼬리를 물다 次から次へと起る　쏟아지다 こぼれ落ちる

付録

|부록|

듣기 지문 및 정답

聞取りのスクリプト及び正解

찾아보기

索引

듣기 지문 및 정답 聞取りのスクリプト及び正解

8과 들어 봅시다

주인 어서 오세요. 뭘 찾으세요?
손님 양말 있어요?
주인 네, 이쪽에 있어요. 아주 예뻐요.
손님 이 양말은 얼마예요?
주인 한 켤레에 4,000원이에요. 세 켤레에 10,000원이에요.
손님 지금 세일이에요?
주인 네, 이번 주 일요일까지 세일이에요.
손님 아, 그래요? 손수건은 어디 있어요?
주인 여기 있어요. 한 장에 8,000원이고 두 장에 15,000원이에요.
손님 스타킹은 얼마예요?
주인 이건 5,000원짜리예요.
손님 그럼 이 양말 세 켤레하고 손수건 두 장 주세요.
주인 감사합니다. 또 오세요.

2. (1) ① 4,000원 ② 8,000원 ③ 5,000원 (2) ③ (3) 이번 주 일요일까지 세일입니다.

읽고 써 봅시다 2. (1) ③ (2) 필통 한 개, 부채 두 개, 엽서 다섯 장을 샀습니다. (3) ① 아니요 ② 네

9과 들어 봅시다

수진 여보세요.
티엔 여보세요. 수진 씨? 저 티엔이에요.
수진 티엔 씨, 안녕하세요?
티엔 네. 그런데 수진 씨, 이번 토요일 저녁 7시에 시간이 있어요?
수진 10월 27일이요? 네, 시간이 있어요. 그런데 왜요?
티엔 우리 반 미셸 씨의 생일이에요. 수진 씨도 오세요.
수진 네, 좋아요. 어디에서 생일 파티를 할 거예요?
티엔 우리 집에서 할 거예요. 우리 반 친구 7명 모두 올 거예요. 마이클 씨가 케이크를, 율리아 씨가 음료수를 준비할 거예요. 그리고 제가 음식을 만들 거예요.
수진 정말 재미있겠군요.
티엔 그리고 함께 저녁을 먹은 후에 노래방에 갈 거예요. 그리고 춤도 추러 갈 거예요.
수진 좋아요. 그러면 토요일 7시에 봐요.

2. (1) ① 10월 27일 토요일 ② 저녁 7시 ③ 티엔의 집 (2) ① 네 ② 아니요 ③ 아니요

읽고 써 봅시다 2. (1) ② (2) ① 아니요 ② 네 ③ 아니요

10과 들어 봅시다

아나운서 안녕하세요. 김수영 아나운서입니다. 여러분은 어떤 커피숍에 자주 가세요? 오늘은 여러분에게 학교 앞의 '커피사랑'과 '카페 미소'를 소개하겠어요. 먼저 우리 학교 친구들의 인터뷰입니다.

여학생 저는 '커피사랑'에 자주 가요. '커피사랑'은 학교 정문 바로 앞에 있어요. 아주 가까워요. 거기는 커피 맛도 좋고 비싸지 않아요. 그리고 커피 종류도 많아서 좋아요.

남학생 저는 '카페 미소'를 좋아해요. 학교 후문 옆에 있어요. 그 집은 차도 맛있지만 음악 연주가 있어서 더 좋아요. 월, 수, 금요일 오후에 피아노 연주를 해요. 저는 친구들과 차도 마시고, 음악도 들으러 자주 가요.

아나운서 와! 저는 두 곳 모두 가고 싶어요. 여러분, 어떠세요?

2. (1) ③ (2) ② (3) ③

읽고 써 봅시다

2. (1) ① 아니요 ② 네 ③ 아니요 (2) 수잔 씨가 한국 사람처럼 한국 음식을 좋아해서

11과 들어 봅시다

직원 어서 오세요.

요코 부산행 기차표를 예매하려고 합니다.

직원 언제 출발하실 겁니까?

요코 이번 주 토요일 오후 1시쯤요. 표가 있습니까?

직원 잠깐만요, 손님, 죄송합니다. 오전 11시 이후에는 모두 매진입니다.

요코 그래요? 그럼, 몇 시 표가 있습니까?

직원 오전 10시 새마을호와 10시 50분 KTX만 있습니다.

요코 네…… 가격이 어떻게 됩니까?

직원 KTX는 51,200원이고 새마을호는 41,100원입니다.

요코 그래요? 시간은 얼마나 걸립니까?

직원 KTX는 2시간 50분 걸리고 새마을호는 5시간 걸립니다.

요코 그럼, 10시 50분 KTX로 두 장 주세요.

직원 네, 여기 있습니다.

2. (1) ④ (2) ④

읽고 써 봅시다

2. (1) 경복궁 → 삼청동 → 청와대 (2) ① 네 ② 아니요 ③ 네

12과 들어 봅시다

안녕하세요? 내일의 날씨를 말씀드리겠습니다.

먼저 서울의 날씨입니다. 내일 서울은 오후부터 비가 오겠습니다. 내일 아침 기온은 12℃~14℃로 오늘보다 낮겠고, 낮 기온은 19℃가 되겠습니다. 우산을 준비하시고 긴 팔 옷을 입는 것이 좋겠습니다.

다음은 부산의 날씨입니다. 내일 부산은 맑겠습니다. 아침 기온은 16℃~18℃로 오늘과 비슷하고, 낮 기온은 23℃가 되겠습니다.

내일 제주도는 바람이 많이 불겠습니다. 아침 기온은 18℃~21℃, 낮 기온은 24℃가 되겠습니다. 일기 예보였습니다.

2. (1) ① - ⓛ - ⓐ ② - ⓒ - ⓑ ③ - ㉠ - ⓒ (2) ①

읽고 써 봅시다

2. (1) 장학금을 받았습니다. 그래서 공부하러 옵니다.
(2) ① 아니요 ② 네 ③ 네

13과 들어 봅시다

직 원 여보세요? 한국 식당입니다.

마이클 12월 24일에 예약하고 싶은데요.

직 원 죄송합니다, 손님. 24일과 25일은 예약이 끝났습니다.

마이클 아, 그래요? 그러면 23일은요?

직 원 23일은 가능합니다.

마이클 그러면 23일 저녁 7시로 예약해 주세요.

직 원 몇 분이세요?

마이클 두 명요. 조용한 창가 쪽 자리로 부탁합니다. 참! 금연석으로 해 주세요.

직 원 네, 그렇게 해 드릴게요. 손님 성함과 연락처를 말씀해 주세요.

마이클 저는 마이클이에요. 전화번호는 010-1803-3849예요.

직 원 창가 쪽, 금연석 자리로 예약되었습니다. 그날 오시면 입구에서 손님의 성함을 말씀해 주세요.

마이클 네, 안녕히 계세요.

2. 12월 23일, 저녁 7시, 두 명, 금연석, 창가

읽고 써 봅시다

2. (1) 시간: 토요일 6시 장소: 학교 앞 이화 호프
(2) ① 아니요 ② 네

14과 들어 봅시다

리하오 여보세요.

이치로 리하오 씨, 안녕하세요? 이치로예요. 뭐 좀 물어보려고요. 우리 이번 주 금요일에 만나지요? 몇 시예요?

리하오 저녁 7시요. 그날 올 수 있지요?

이치로 네. 그런데 30분 정도 늦을 거예요. 중요한 일이 있어서 학교 선생님을 잠깐 만나야 해요.

리하오 알겠어요. 장소는 알죠? 학교 정문 앞 '커피사랑'요.

이치로 네, 알아요. 그런데 누구누구 와요?

리하오 마이클 씨, 요코 씨가 올 거예요. 나타샤 씨는 러시아에서 부모님이 오셔서 못 와요.

이치로 그래요? 학교에서 출발하기 전에 리하오 씨에게 전화할게요.

리하오 네. 그럼 금요일에 봐요.

이치로 잘 있어요.

2. (1) ① 오후, 7시 ② 학교 정문 앞 '커피사랑' (2) ③ (3) ① 네 ② 네

읽고 써 봅시다

2. (1) ① 네 ② 아니요 (2) ②

15과 들어 봅시다

마이클 리하오 씨는 시간이 있으면 보통 뭐 해요?

리하오 저는 운동을 해요. 특히 좋아하는 운동은 수영하고 농구예요. 그래서 주말에는 거의 친구들과 운동을 해요. 마이클 씨는 취미가 뭐예요?

마이클 저는 주말에 산이나 바다로 여행 가는 걸 좋아해요. 그리고 그림 그리는 것을 좋아해서 경치가 좋은 곳에 가면 항상 그림을 그려요.

리하오 여행이나 그림 그리는 것도 좋은 취미죠. 그림은 언제부터 그렸어요?

마이클 고등학교 때부터요. 학교 선생님한테서 배웠어요.

리하오 저도 그림에 관심이 많아요. 배워 보고 싶어요.

마이클 리하오 씨, 제가 가르쳐 줄게요.

리하오 정말요? 마이클 씨, 그럼 다음 주부터 시작해도 될까요?

마이클 그럼요, 리하오 씨. 편한 시간을 알려 주세요. 전 오후에는 언제든지 괜찮아요.

2. (1) ① (2) ① (3) ① 네 ② 아니요

읽고 써 봅시다

2. (1) ① (2) ① 네 ② 아니요

찾아보기 索引

지은이 소개 執筆者の紹介

이미혜 李美惠
이화여자대학교 교육대학원 외국어로서의 한국어교육전공 조교수 梨花女子大学校 教育大学院 韓国語教育専攻助教授
이화여자대학교 국어국문학과 박사 梨花女子大学校 国語国文学科博士

김현진 金炫辰
이화여자대학교 언어교육원 특임교수 梨花女子大学校 言語教育院特任教授
이화여자대학교 독어독문학과 박사 梨花女子大学校 独語独文学科博士

구재희 具材姬
이화여자대학교 언어교육원 강사 梨花女子大学校 言語教育院講師
이화여자대학교 국어국문학과 박사 梨花女子大学校 国語国文学科博士

권경미 權景美
전 이화여자대학교 언어교육원 강사 前梨花女子大学校 言語教育院講師
이화여자대학교 국어국문학과 박사 梨花女子大学校 国語国文学科博士

유선희 柳善姬
전 이화여자대학교 언어교육원 전임강사 前梨花女子大学校 言語教育院専任講師
이화여자대학교 독어독문학과 박사 梨花女子大学校 独語独文学科博士

윤영 尹永
전 이화여자대학교 언어교육원 전임강사 前梨花女子大学校 言語教育院専任講師
연세대학교 한국학협동과정 박사 延世大学校 韓国学協同過程博士

이수행 李受幸
전 이화여자대학교 언어교육원 전임강사 前梨花女子大学校 言語教育院専任講師
상명대학교 한국학과 박사 수료 祥明大学校 韓国学科博士修了

MP3の目録

• 본 교재의 듣기 자료는 이화여자대학교출판문화원 홈페이지(www.ewhapress.com) '자료실'에서 내려받을 수 있습니다.

トラック	単元	タイトル	ページ
1	8과	pt. 1 준비합시다1	20
2	8과	pt. 1 준비합시다2	21
3	8과	pt. 1 말해 봅시다	23
4	8과	pt. 2 준비합시다1	24
5	8과	pt. 2 준비합시다2	25
6	8과	pt. 2 준비합시다3	26
7	8과	pt. 2 어휘	27
8	8과	pt. 2 말해 봅시다	29
9	8과	pt. 3 들어 봅시다	30
10	8과	pt. 3 읽고 써 봅시다	31
11	8과	문학 맛보기	33
12	9과	pt. 1 준비합시다1	36
13	9과	pt. 1 준비합시다2	37
14	9과	pt. 1 준비합시다3	38
15	9과	pt. 1 어휘	39
16	9과	pt. 1 말해 봅시다	41
17	9과	pt. 2 준비합시다1	42
18	9과	pt. 2 준비합시다2	43
19	9과	pt. 2 말해 봅시다	45
20	9과	pt. 3 들어 봅시다	46
21	9과	pt. 3 읽고 써 봅시다	47
22	9과	문학 맛보기	49
23	10과	pt. 1 준비합시다1	52
24	10과	pt. 1 준비합시다2	53
25	10과	pt. 1 말해 봅시다	55
26	10과	pt. 2 준비합시다1	56
27	10과	pt. 2 준비합시다2	57
28	10과	pt. 2 말해 봅시다	59
29	10과	pt. 3 들어 봅시다	60
30	10과	pt. 3 읽고 써 봅시다	61
31	10과	문학 맛보기	63
32	11과	pt. 1 준비합시다1	66
33	11과	pt. 1 준비합시다2	67
34	11과	pt. 1 준비합시다3	68
35	11과	pt. 1 어휘	69
36	11과	pt. 1 말해 봅시다	71
37	11과	pt. 2 준비합시다1	72
38	11과	pt. 2 준비합시다2	73
39	11과	pt. 2 말해 봅시다	75
40	11과	pt. 3 들어 봅시다	76
41	11과	pt. 3 읽고 써 봅시다	77
42	11과	문학 맛보기	79
43	12과	pt. 1 준비합시다1	82

トラック	単元	タイトル	ページ
44	12과	pt. 1 어휘	83
45	12과	pt. 1 준비합시다2	84
46	12과	pt. 1 준비합시다3	85
47	12과	pt. 1 말해 봅시다	87
48	12과	pt. 2 준비합시다1	88
49	12과	pt. 2 준비합시다2	89
50	12과	pt. 2 말해 봅시다	91
51	12과	pt. 3 들어 봅시다	92
52	12과	pt. 3 읽고 써 봅시다	93
53	12과	문학 맛보기	95
54	13과	pt. 1 준비합시다1	98
55	13과	pt. 1 준비합시다2	99
56	13과	pt. 1 말해 봅시다	101
57	13과	pt. 2 준비합시다1	102
58	13과	pt. 2 준비합시다2	103
59	13과	pt. 2 준비합시다3	104
60	13과	pt. 2 어휘	105
61	13과	pt. 2 말해 봅시다	107
62	13과	pt. 3 들어 봅시다	108
63	13과	pt. 3 읽고 써 봅시다	109
64	13과	문학 맛보기	111
65	14과	pt. 1 준비합시다1	114
66	14과	pt. 1 어휘	115
67	14과	pt. 1 준비합시다2	116
68	14과	pt. 1 준비합시다3	117
69	14과	pt. 1 말해 봅시다	119
70	14과	pt. 2 준비합시다1	120
71	14과	pt. 2 준비합시다2	121
72	14과	pt. 2 말해 봅시다	123
73	14과	pt. 3 들어 봅시다	124
74	14과	pt. 3 읽고 써 봅시다	125
75	14과	문학 맛보기	127
76	15과	pt. 1 준비합시다1	130
77	15과	pt. 1 준비합시다2	131
78	15과	pt. 1 준비합시다3	132
79	15과	pt. 1 어휘	133
80	15과	pt. 1 말해 봅시다	135
81	15과	pt. 2 준비합시다1	136
82	15과	pt. 2 준비합시다2	137
83	15과	pt. 2 말해 봅시다	139
84	15과	pt. 3 들어 봅시다	140
85	15과	pt. 3 읽고 써 봅시다	141
86	15과	문학 맛보기	143